人文社科
高校学术研究论著丛刊

文化自信视域下大学英语教学的策略与路径

秦盼泓 著

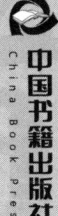
中国书籍出版社
China Book Press

图书在版编目(CIP)数据

文化自信视域下大学英语教学的策略与路径 / 秦盼泓著. --北京：中国书籍出版社，2020.12
　　ISBN 978-7-5068-8298-9

　　Ⅰ.①文… Ⅱ.①秦… Ⅲ.①英语－教学研究－高等学校 Ⅳ.①H319.3

中国版本图书馆 CIP 数据核字(2021)第 000222 号

文化自信视域下大学英语教学的策略与路径

秦盼泓　著

丛书策划	谭　鹏　武　斌
责任编辑	李　新
责任印制	孙马飞　马　芝
封面设计	东方美迪
出版发行	中国书籍出版社
地　　址	北京市丰台区三路居路 97 号(邮编：100073)
电　　话	(010)52257143(总编室)　(010)52257140(发行部)
电子邮箱	eo@chinabp.com.cn
经　　销	全国新华书店
印　　厂	三河市德贤弘印务有限公司
开　　本	710 毫米×1000 毫米　1/16
字　　数	217 千字
印　　张	16.75
版　　次	2021 年 10 月第 1 版
印　　次	2021 年 10 月第 1 次印刷
书　　号	ISBN 978-7-5068-8298-9
定　　价	81.00 元

版权所有　翻印必究

目　录

第一章　文化与文化自信 ………………………………………… 1
　　第一节　文化 ……………………………………………………… 1
　　第二节　文化自信 ……………………………………………… 19

第二章　大学英语教学的文化转向 ……………………………… 22
　　第一节　文化教学在大学英语教学中的作用 …………………… 22
　　第二节　大学英语文化教学的概念 ……………………………… 24
　　第三节　大学英语文化教学的内容与目标 ……………………… 27
　　第四节　大学英语文化教学的具体模式 ………………………… 33

第三章　文化自信视域下大学英语文化教学的改革 ………… 36
　　第一节　大学英语教学中文化性乏弱的表现与归因 ………… 36
　　第二节　文化自信视域下大学英语文化教学的
　　　　　　现状与意义 ……………………………………………… 44
　　第三节　文化自信视域下开展大学英语文化教学的
　　　　　　原则与策略 ……………………………………………… 59

第四章　文化自信视域下学生跨文化交际能力的培养 ……… 67
　　第一节　英语学习中学生的角色 ………………………………… 67
　　第二节　我国外语界对文化学习的态度 ………………………… 69
　　第三节　影响学生英语文化学习的主要因素 ………………… 71
　　第四节　学生跨文化意识与跨文化交际能力的培养 ………… 75

第五章　文化自信视域下大学英语基础知识教学的策略与路径 ………………………………………………………… 98
　第一节　文化自信视域下大学英语词汇教学的策略与路径 ………………………………………………… 98
　第二节　文化自信视域下大学英语语法教学的策略与路径 ………………………………………………… 113

第六章　文化自信视域下大学英语基本技能教学的策略与路径 ………………………………………………………… 124
　第一节　文化自信视域下大学英语听力教学的策略与路径 ………………………………………………… 124
　第二节　文化自信视域下大学英语口语教学的策略与路径 ………………………………………………… 132
　第三节　文化自信视域下大学英语阅读教学的策略与路径 ………………………………………………… 141
　第四节　文化自信视域下大学英语写作教学的策略与路径 ………………………………………………… 153
　第五节　文化自信视域下大学英语翻译教学的策略与路径 ………………………………………………… 157

第七章　文化自信视域下大学英语教学中的"中国文化失语"现象 ………………………………………………………… 165
　第一节　中国文化与"中国文化失语" ………………………… 165
　第二节　大学英语教学中"中国文化失语"的现状 …… 171
　第三节　大学英语教学中"中国文化失语"现象产生的原因 ………………………………………………………… 174
　第四节　文化自信视域下改善大学英语教学中的"中国文化失语"现象 ……………………………………………… 176

目 录

第八章 文化自信视域下大学英语教师的专业能力发展 …… 185
第一节 文化自信视域下大学英语教师的角色定位与素质要求 …………………………………………… 185
第二节 文化自信视域下大学英语教师专业能力发展的基本路径 …………………………………………… 196

第九章 文化自信视域下大学英语教材与教学评价的改革 ……………………………………………………… 212
第一节 文化自信视域下大学英语教材的多维度开发 …………………………………………………… 212
第二节 文化自信视域下大学英语教学评价的多元化发展 …………………………………………………… 221

第十章 文化自信视域下学生思辨能力的培养 ………… 238
第一节 大学英语教学中培养学生思辨能力的内涵与意义 …………………………………………………… 238
第二节 影响大学英语教学中学生思辨能力培养的因素 …………………………………………………… 240
第三节 文化自信视域下学生思辨能力的培养模式 …………………………………………………… 246

参考文献 ……………………………………………………… 252

第一章 文化与文化自信

文化自信代表了尊崇和认可,代表了对本民族文化充满自信,这并不意味着排斥其他民族的文化,反而强调和其他民族文化的交流,取其精华,去其糟粕。中华民族一直是一个充满民族自信的民族,一直以包容和开放的态度对待其他民族的文化,这也是中华民族的魅力之一,从古至今成为许多民族学习的榜样。本章对文化与文化自信进行简述。

第一节 文 化

无论是历史上还是现代社会,人们所说的社会都是全球社会,每一种文化都是将宇宙万物囊括在内的体系,并且将宇宙万物纳入各自的文化版图中。总体上说,文化会涉及人与社会的关系、人的存在方式等层面。但是,其也包含一些具体的内容。下面就来具体论述什么是文化。

一、文化概念的阐释

对于普通人来说,文化是一种平时都可以使用到、却不知道的客观存在。对于研究者来说,文化是一种容易被感知到、却不容易把握的概念。对于文化的定义,最早可以追溯到学者爱德华·泰勒(Edward Burnett Tylor,1871),他这样说道:"文化或者文明,是从广泛的民族学意义上来说的,可以归结为一个复合整体,其中包含艺术、知识、法律、习俗等,还包括一个社会成员所习得的一切习惯或能力。"之后,西方学者对文化的界定都是基于这一定义而来的。1963年,人类学家艾尔弗雷德·克洛伊伯(Alfred Kroeber)对一些学者关于文化的定义进行总结与整理,提出了一个较为全面的定义。

(1)文化是由内隐与外显行为模式组成的。
(2)文化的核心是传统的概念与这些概念所带的价值。
(3)文化表现了人类群体的显著成就。
(4)文化体系不仅是行为的产物,还决定了进一步的行为。

这一定义确定了文化符号的传播手段,并着重强调文化不仅是人类行为的产物,还对人类行为的因素起着决定性作用。同时,其还明确了文化作为价值观的巨大意义,是对泰勒定义的延伸与拓展。

在文化领域下,本书作者认为文化的定义可以等同于2001年联合国教科文组织发表的《世界文化多样性宣言》中的定义:文化是某个社会、社会群体特有的,集物质、精神、情感等为一体的综合,其不仅涉及文学、艺术,还涉及生活准则、生活方式、传统、价值观等。

进入20世纪90年代之后,很多学者也对文化进行了界定,这里归结为两种:一种是社会结构层面上的文化,指一个社会中起着普遍、长期意义的行为模式与准则;一种是个体行为层面上的文化,指的是对个人习得产生影响的规则。这些定义都表明了:文化不仅反映的是社会存在,其本身就是一种行为、价值观、社会方式等的解释与整合,是人与自然、社会、自身关系的呈现。

二、文化常见分类介绍

(一)按照人类学来划分

人类文化相当于一个金字塔,金字塔底部的是大众文化,金字塔中间的是深层文化,金字塔顶部的是高层文化。

大众文化是普通大众在共同的生活环境下共同创造出来的一种生活方式、交际风格等。

深层文化是不外现的,是内隐的,对大众文化有着指导作用,包括思维和价值观等。

高层文化又称"精英文化",它是指相对来说较为高雅的文化内涵,如哲学、历史、文学、艺术等。

(二)按照语用学角度来划分

语用学研究的是语言在一定语境中的具体意义。语境是理解语言的重要元素。因为文化和语言分不开,因此文化和语境也是相互联系的。语言依赖于语境,同样的,文化也对语境有一定程度上的依赖。但是,不同的文化对语境的依赖程度是不尽相同的。在不同的文化中,人们通过语境进行交际的方式及程度就存在着差异,而这种差异制约着交际的顺利进行。

按照文化对语境依赖程度的不同,可以将文化分为低语境文化和高语境文化。低语境文化是指对语境的依赖程度较低、主要借助语言符号进行交际的文化。高语境文化是指对语境的依赖程度较高、主要借助非语言符号进行交际的文化。西方国家通常是低语境文化,一些亚洲国家通常是高语境文化。

在低语境文化中进行交际时,人们大多是通过符号来传递交际信息的。而在高语境的文化中,交际环境和交际者的思维携带着大部分的交际信息。由此可见,语言信息在低语境文化内显得更为重要。他们在进行交际时,要求或期待对方的语言表达要尽可能清晰、明确,否则他们就会因信息模棱两可而产生困惑。在高语境文化中,人们往往认为事实胜于雄辩,沉默也是一种语言。因此,低语境文化与高语境文化的成员在交际时易发生冲突。

虽然按照不同的视角,文化的分类不同。但有一点需要明确,那就是文化无优劣、高下之分。世界相当于一个村落,其中的任何民族和国家都享有平等的权利,其中的成员在人格上都是平等的,不应该因为文化的不同而被区别对待。例如,中国人习惯用筷子,西方人习惯用刀叉,有人说使用筷子有利于人脑发展,也有人说使用刀叉简单。因此,文化不是用来比较和评价的,只是用来促进交际的。

(三)常规分类方法

1. 交际文化与知识文化

文化和交际总是被放到一起来讨论,文化在交际中有着无可替代的地位,并对交际的影响最大,因此有学者将文化分为交际文化和知识文化。

那些对跨文化交际直接起作用的文化信息就是交际文化,而那些对跨文化交际没有直接作用的文化就是知识文化,包括文化实物、艺术品、文物古迹等物质形式的文化。

学者们常常将关注点放在交际文化上,而对知识文化进行的研究较少。交际文化又分为外显交际文化和内隐交际文化。外显交际文化主要是关于衣、食、住、行的文化,是表现出来的;内隐交际文化是关于思维和价值观的文化,不易察觉。

2. 物质文化、制度文化与精神文化

三分法是将文化分为物质文化、制度文化和精神文化的分类方法。

人从出生开始就离不开物质的支撑,物质是满足人类基本生存需要的必需品。物质文化就是人类在社会实践中创造的有关文化的物质产品。物质文化是用来满足人类生存需要的,只是为了让人类更好地在当前的环境中生存下去,是文化的基础部分。

人是高级动物,会在生存的环境中通过合作和竞争来建立一个社会组织,这也是人与动物有区别的一个地方。人类创建制度,归根到底还是为自己服务的,但同时也对自己有所约束。一

个社会必然有着与社会性质相适应的制度,制度包含着各种规则、法律等,制度文化就是与此相关的文化。

人与动物的另一个本质区别就是人的思想性。人有大脑,会思考,有意识。精神文化就是有关意识的文化,是一种无形的东西,构成了文化的精神内核。精神文化是人类在认识世界和改造世界的过程中挖掘出的一套思想理论,包括价值观、文学、哲学、道德、伦理、习俗、艺术、宗教信仰等,因此也称为观念文化。

(四)按照支配地位来划分

文化一旦产生,就对生活在其中的人有着一定的规范作用和约束力,这是一种约定俗成的力量。一个社会中通常有多种文化,人们最终会按照哪一种文化规范来生活,就要看文化的支配地位了。因此,有人从文化支配地位的视角,将文化分为主文化与亚文化。

所谓主文化,是在社会上占主导地位的,并被认为应该为人们所普遍接受的文化。主文化在共同体内被认为具有最充分的合理性和合法性。主文化具有三个属性:一是在权力支配关系中占主导地位,得到了权利的捍卫;二是在文化整体中是主要元素,这是在社会的更迭中形成的;三是对某个时期产生主要影响、代表时代主要趋势,这是时代的思想潮流决定的。

相对应的,亚文化是在社会中占附属地位的文化,它仅为社会上一部分成员所接受,或为某一社会群体所特有。亚文化具有两个属性:一是在文化权力关系中处于从属地位;二是在文化整体中占据次要的部分。虽然亚文化是与主文化相对应的一种文化,但二者不是竞争和对抗的关系。值得注意的是,当一种亚文化在性质上发展到与主文化对立的时候,它就成了一种反文化。在一定条件下,主文化与反文化还可以相互转化。主文化不一定是积极的,反文化也不一定是消极的。

三、文化自身特性阐述

(一)历史性

文化具有历史性的特征,这是因为其将人类社会生活与价值观的变化过程动态地反映出来。也就是说,文化随着社会进步不断演进,也在不断地扬弃,即对既有文化进行批判、继承与改造。对于某一历史时期来说,这些文化是积极的、先进的,但是随着时代的发展,这些文化又可能失去其积极性、先进性,被先进的文化取代。例如,汉语中的"拱手"指男子相见时的一种尊重彼此的礼节,该词产生于传统汉民族文化中。然而,随着历史的发展,这一礼节已经不复存在,现代社会常见的礼节是鞠躬、握手等。因此,在当今社会,"拱手"一词已经丧失了之前的意义,而仅作为文学作品中传达某些情感的符号。

(二)民族性

文化具有民族性特征。人类学家克利福德·格尔茨(Clifford Geertz)这样说道:"人们的思想、价值、行动,甚至情感,如同他们的神经系统一样,都是文化的产物,即它们确实都是人们与生俱来的能力、欲望等创造出来的。"

这就是说,文化是特定群体和社会的所有成员共同接受和共享的,一般会以民族形式出现,具体通过一个民族使用共同的语言、遵守共同的风俗习惯,其所有成员具有共同的心理素质和性格体现出来。

(三)主体性

文化是客体的主体化,是主体发挥创造性的外化表现。文化具有主体性的特征主要源于人的主体性。所谓人的主体性,即人作为活动主体、实践主体等的质的规定性。人通过与客体进行交互,才能将其主体性展现出来,从而产生一种自觉性。一般来说,文化的主体性特征主要表现为如下两点。

首先,文化主体不仅具有目的性,还具有工具性。如前所述,由于文化是主体发挥创造性的外化表现,因此其必然会体现文化主体的目的性,只有这样才能促进人的全面发展。另外,文化也是人能够全面发展的工具,如果不存在文化,那么就无法谈及人的全面发展,因此这体现了文化的工具性。

其次,文化主体不仅具有生产性,还具有消费性。人们之所以进行生产,主要是为消费服务的,而人类对文化进行生产与创造,也是为了更好地进行消费。在这一过程中,对文化进行创造属于手段,对文化进行消费属于目的。

(四)社会性

文化具有社会性特征,这主要表现在如下两点。

首先,从自然上来说,文化是人们创造性活动的结果,如贝壳、冰块等自然物品经过雕琢会变成饰品、冰雕等。

其次,从人类行为上来说,文化起着重要的规范作用。一个人生长于什么样的环境,其言谈举止就会有什么样的表现。另外,人们可以在文化的轨道中对各种处世规则进行把握,因此可以说人不仅是社会中的人,也是文化中的人。

四、中西文化历史演变分析

(一)中国文化的发展

中国是历史悠久、文明开化最早的国家之一。中国文化与西方文化共同为人类文明进步做出了突出贡献。

1. 秦汉到明代的文化

中华民族有着发达的农业和手工业,在16~17世纪,中国文

3. 近代中国文化

在鸦片战争时期,中国封建文化已经变得腐朽,而西方的现代因素已经发展得很成熟了。西方对中国的态度由爱慕变为侵略,清王朝的闭关锁国也无法真正阻止西方文化的入侵。当中国与外界隔绝的状态被暴力打破的时候,封建制度解体是之后必然会发生的事情。

中国经历了前所未有的历史大变局,这一祸根归因于中国人的心态与实际角色脱节一千多年而不自知,中国人不能意识到外来文化的挑战。鸦片战争后,经历了丧权辱国之痛的中国先进知识分子,积极学习西方先进的科技和文化,以洋务运动、辛亥革命、五四新文化运动为代表,并不断探索。

洋务运动。以林则徐为代表的先进人士首先提出向西方学习,发起了旨在自强自救的洋务运动。洋务运动的指导思想是用西方的科学来巩固封建制度。洋务运动经历了三十个年头,在军事工业、工矿业及交通运输等领域积极向西方学习,创立了中国近代海军。但是,洋务运动的局限性也是很明显的,即引进的基本只是物质文明。

辛亥革命。中日甲午战争的失败说明,洋务运动只引进物质文明,无法从根本上挽救民族危机。于是有了以康有为和梁启超为代表的维新变法运动,有了辛亥革命。虽然两者最终以失败告终,但是标志着中国有识之士对西方文明的认识已经达到中间的制度层面。

五四新文化运动。第一次世界大战后,面对西方国家给予中国的不平等待遇,中国知识分子掀起了五四反帝爱国运动。中国开始了由旧文化向新文化的转型。新文化运动倡导民主和科学,标志着中国人对西方现代文明的理解已经达到了思想文化的深层结构。与此同时,马克思主义开始在中国广泛传播,它在本质上是中西文化交流的产物。在马克思主义与中国工人运动相结合的基础上,中国共产党诞生了,预示了中国人民必定独辟蹊径,走出一条不同凡响的道路。

通过以上简要回顾中国文化的发展变迁可以看出,文化作为上层建筑,自始至终受到经济基础的制约。近代之前,由于地理距离的遥远和科技、生产力的落后,世界各地之间的文化交流非常有限。张骞出使西域、甘英使大秦、四大发明西传、郑和下西洋等,都是在国家强大的经济实力保障下进行的。到了近代,科技、通信、经济的发展,促使了文化大规模的发展。

根据虚实平衡法则,先进的文化总是向后进的文化输流;根据互通有无法则,后进的文化总是模仿先进的文化。文化的交流是双向的,但时而平衡,时而不平衡。发展层次高的文化总是居于优势与主流,处于相对主动的地位,另一方则处于相对被动的地位。在两种文化的交锋中,弱势文化必然向强势文化靠拢,但这种靠拢要经历一个由浅入深、由表及里的过程。

任何文化交流在初始阶段,大抵都是非常浮面的接触,尔后进一步的发展正是建立在这些初步尝试的基础上的。文化的相遇和交流没有快捷的方式,需要耐心、虚心与灵活度。文化的闭关自守是行不通的。文化隔离虽然在一定历史时期中巩固了文化的特质,但文化隔离在总体上毕竟是与整个人类文化发展相背离的,也无法使民族文化永葆生机与活力。

任何民族的精神思想都需要外来的刺激和启发,单靠在固有文化圈内进行自我改进,是不能持久的。吸收外来文化先进的、适合自己的东西,文化就会蓬勃兴起;而不与外界进行交流,只在自己领地内近亲繁殖,文化就会逐渐衰弱。文化交流的主动性越强,文化复兴的可能性越大;如不主动进行文化交流,则会趋于边缘化或消亡。

(二)西方的文化发展

1. 古希腊时期的文化

(1)思想文化

古希腊是西方哲学的故土,哲学在当时与其他学科交织在一起,被称为统摄群学的学问,苏格拉底、柏拉图、亚里士多德被称为哲学"三圣"。柏拉图把哲学分为辩证学、法学、物理学、伦理学等门类,亚里士多德则将哲学扩大到几乎包括讨论宇宙和人生的所有学问,因此,当时的哲学家同时也是自然科学家或其他学问专家。

  古希腊哲学是在神话思维、原始宗教意识的基础上诞生的,是人类理性发展的产物,是在以理性代替了幻想,以智慧代替了想象,以经验的事实作为探索和解释的基础上而产生的。被称为欧洲哲学之父的泰勒斯是米利都哲学学派的创始人,他早年曾游历过埃及和巴比伦,学习过几何学和天文学,经过多方面的科学活动,他认为,万物的始基或本源来源于水,万物生于水,又复归于水。这反映了古希腊人对海洋的尊重,把水作为万物的创造者,标志着哲学已摆脱了宗教神话。爱菲斯学派代表哲学家赫拉克利特继承了米利都学派的思想主张,认为运动是世界的普遍原则,火则是生命的本原,提出"我们不能两次同时踏进同一条河""太阳啊,每天都是新的,永远不灭的更新",从而指出万物流动的自然规律。

  苏格拉底是古希腊人文哲学的鼻祖,他把哲学研究的对象直接指向人本身,他认为,哲学是对人与社会的探讨,目的在于"认识自己"。他是西方思想史上第一个要求哲学应以"自我认识"为开始的人。在知识论方面,他提出"美德就是知识",而知识的对象是"善","善就是自知和自律",要求人要有自知之明和自我克制,强调了知识和行为的联系,在某种意义上讲,他是西方认识论和伦理学的奠基人。在论辩法上他善于在辩论中揭露对方的矛盾,通过提问,把辩论引导到他所要达到的目标,后人把此种方法称为"苏格拉底反诘法"。苏格拉底常在雅典街头就人应具有的品格问题及真善美问题与人辩论。

  柏拉图是苏格拉底的学生,他所创立的"理念论哲学"对西方的思想史和哲学史产生了巨大影响。除了理性,他又提出了意志和感情两重概念,还提出了三种美德论,三种美德指智慧、勇敢、节制,智慧是理性引导的结果,凭借意志坚持理性,就会产生勇敢,而理性控制感情就是节制,有了这三种美德后,才会有第四种美德,就是正义。

在艺术方面,他认为艺术家的创作是模仿个别事物的,因此,艺术作品是"摹本"的"摹本",与理念隔了两层,因此,艺术不可能表现出真正的美,真正的美是艺术无法表达的,美属于哲学,艺术的美不过是美的影子而已。

柏拉图认为自然和人之外,存在着高居其上的"理念",这与一神教的"上帝"观念颇为相近,所以这一观点对后来的神学影响很大。柏拉图的理念论,引导人们不满足于感官的认识而去探究真理的精神,以及从局部经验向更高理性认知的方式,无疑会鼓励人们探求宇宙、探求自然,进而探求人的本身。

亚里士多德是柏拉图的学生,曾任亚历山大大帝年轻时的教师,他否认柏拉图的"理念论",认为离开个别事物的理念根本是不存在的,真正的知识存在于客观事物之中。

亚里士多德是古希腊文化的集大成者,他在哲学、政治学、伦理学、逻辑学、动物学、天文学、物理学、诗学、修辞学诸多方面都有开创与建树,其著作有万种之多,他完成了希腊哲学的系统化,提出科学分类的思想,还提出了有名的"二段论",为逻辑学的发展打下了基础。他的《修辞学》《诗学》奠定了西方文艺理论的基础,他的《理想国》则描述了一幅理想的国家范式。

在哲学上,亚里士多德最大的贡献是提出了一切事物都是"质料"和"形式"构成的"二元论"的理论,他认为事物皆由质料和形式二者构成,如一尊大理石像,质料是大理石,形式是阿波罗形象,两者是不可分割的,而形式要比质料重要得多。因为是形式使质料变为现有的事物,没有阿波罗这一形式,大理石就不可能成为大理石雕像,但质料和形式二者谁是本源的问题,亚里士多德没有解答。

(2)科学、艺术、历史学、技术

古希腊科学技术的成就是多方面的,数学家欧几里得在《几何原本》一书中,将各种定理、命题按照逻辑关系清晰地表达出来,成为近代几何学的奠基人。著名数学家阿基米德发现宇宙定理与杠杆原理,成为力学与流体力学的创始人。值得指出的是,古希腊科学家在探讨自然现象时注意深入事物的内部探究本质上的东西,尤其重视理论上的探讨,使哲学与科学相映成辉。

古希腊在历史、文学等层面取得了显著成就,希腊神话与三大悲剧作家就是很好的诠释,这些悲剧作家创造出人类早期的悲剧作品,为西方悲剧文化奠定了基础。在历史学方面,有希罗多德、修昔底德、色诺芬三大历史学家。

2. 古罗马时期的文化

在古希腊文化之后,古罗马文化诞生,并对其进行集成,罗马文化在哲学、文学、雕塑等多个层面都对古希腊文化进行了继承和发展。

罗马人使用的拉丁字母是世界上广为流行的字母体系,这已是不争的事实。拉丁字母是在继承希腊字母简单、美观、匀称、便于书写和阅读的优点上发展起来的。15 世纪的意大利,在书写上出现了"人文主义体",即大写体,另外还有一种草写体,后来分别衍生出用于印刷的楷体与手写的斜体这两种文体。

在哲学上,古罗马的流派众多,影响较大的有"新斯多噶学派"。这个学派提出了较系统的"自然法"理论,认为"自然法"是正义与理性的体现,是任何一个人及国家必须遵守的法则,由于文明人和野蛮人都具有自然法赋予的理性,因此人本来就是平等的,人们要消除对立和差别,所有人都能具有理性,成为一个社会共同体,这才是自然法要求的精神。社会应该是"世界国家",自然法应该是"世界法律"。显然,斯多噶学派不仅要求人们逆来顺受、安分守己,而且还要求消除所有的矛盾和对立,以实现世界国家的理想,这一理论反映了奴隶主贵族的愿望和要求。

在文学艺术创作方面,罗马人在向希腊人学习的基础上,在诗歌、散文、戏剧、人物传记诸方面都取得了辉煌的成就。散文方面,西塞罗的演说词和书信类散文,辞藻华美,词义生动,妙语连珠,结构谨严,逻辑性强,具有很强的论辩性和说服力,被称为"西塞罗文体"。著名诗人维吉尔的《牧歌》歌颂了意大利的田园风光,表达了对生活的向往。

罗马文化扬弃了希腊文化中消极的成分,在文化观念上,希腊王公贵族的挥霍无度、醉生梦死、骄奢淫逸、浮华奢靡等风气,在一定时期、一定程度上被罗马文化所否定。

3. 文艺复兴时期的文化

文艺复兴的核心是人文主义运动,就其实质来看,人文主义是以个体本位为基础的资产阶级个人主义思潮,这一思潮的核心是人本观,显示以个人为中心的鲜明特征。正是借助这种新的价值观,人文主义思潮逐渐向整个思想文化领域渗透,形成文艺复兴这一新的文化运动。

欧洲社会经济的演变,是决定文艺复兴的形成和发展的重要因素。14世纪初,由于生产技术的进步和生产力的提高,资本主义因素开始发育;15世纪末随着地理大发现,世界市场的形成、资本主义的发展受到进一步刺激。但是,当时占统治地位的封建生产关系却严重阻碍了资本主义前进的步伐,在这种情况下,资产阶级发起的这场反封建思想文化运动就成为必然。

人文主义思潮最早出现于意大利,这绝不是偶然的。随着意大利北部城市资本主义萌芽的生成,市民、农奴逐渐摆脱了封建依附体制的束缚,走出中世纪小生产的天地,投身于商品经济的大潮。在商品生产中,自由竞争和等价交换,使人们的思想观念发生了质的变化,人们由群体本位的人身依附渐渐培植起"个体本位"的独立意识,为人文主义思潮的勃兴,提供了深厚的社会思想土壤。

资本主义的萌芽形成了早期的资产阶级,他们拥有了经济权,进而也取得了政治上的权力,为了获取更多的利润,他们关心生产,改进技术,开辟新商道,扩大国内外市场。登上政治舞台后,这些人不同程度地参与了政治,从不同的角度,提出了反对宗教束缚,反对经院哲学的新主张。

人文主义的思潮伴随着资本主义萌芽的发育,首先出现在意大利北部的三个城市:威尼斯、热那亚、佛罗伦萨,这些城市已成为当时的工商业中心。城市的发达改变了人们的生活方式,使人们的价值观发生了很大的变化,人们开始主动追求财富、自由、民主,因此,城市的发展一方面打破了封建的生产关系,另一方面,新生资产阶级与此相应提出了新的生活欲望和新的生活要求。文艺复兴开始之际,意大利尚处在四分五裂中,城市之间的冲突、城市内部争权夺利的斗争、外敌的入侵、罗马教廷的干预,使整个城市动荡不安,城市居民企盼和平、希望安定就成为必然,封建军队的首领利用当时的形势和人们的情绪,在各个城市建立起了封建独裁政权以维持当时的社会秩序。这些专制君主上台后,纷纷招揽与重用那些熟悉古典文化、多才多艺的人文学者,让其充当政治顾问、文学侍讲、家庭教师、宫廷秘书,以至于外交官及修建教堂的总监等,客观上形成了尊重知识、尊重人才的风气,为人文主义的思想文化传播、创造提供了有利的条件与环境,有力地促进了文艺复兴的酝酿和发展。大学对文艺复兴运动的勃兴起到了不可替代的作用。最初的学校是由教会控制,但随着资本主义的萌芽,为适应人们对知识和科学的渴求,大学教育发展较为迅速。到了14世纪,意大利已有18所大学,"大学是科学家的摇篮",文艺复兴时期的许多人文学者都受到大学教育,这时的大学设置了人文学科,传播世俗文化,以人和自然为研究对象,讲授学术、哲学、语言、文学等,促进了人文主义思想的形成和发展。

意大利有着深厚的文化底蕴,传统文化在推动意大利文艺复兴中也发挥了重要作用。丰富的文化典籍,图书院大量的藏书,使人文主义者在搜集研究古典文献中,找到了自由、平等、民主等思想理论依据,并以此来抵制封建等级制度和教会的蒙昧及禁欲主义,用古罗马统一所营造的辉煌来针砭意大利的四分五裂。

人文主义的思想文化成就是多方面的,文艺复兴最初是从文学上开始的。意大利出现了三位人文主义的主要代表：但丁、彼得拉克、薄伽丘，被称为文艺复兴三杰，他们是西方近代文化的先驱者。

最能代表法国文艺复兴精神的是小说家拉伯雷和散文家蒙田，拉伯雷是法国最著名也是欧洲最享有盛名的人文主义作家，他学识渊博，多才多艺，他的五卷本长篇巨著《巨人传》，通过巨人国王卡冈都亚和其子庞大固埃的神奇故事，以夸张手法歌颂了人类的智慧和力量，揭露批判了教会及其经院哲学，讽刺了教士的无能，抨击了司法机关的贪污腐败，反映出人民不堪压迫，必然起来反抗的历史趋势。作品的现实主义讽刺艺术，对后世的文学创作产生了巨大的影响。

蒙田是法国文艺复兴时期的重要作家，他的《随笔录》是一篇散文作品，同时也是一部哲学和政治思想著作，该作品的问世标志着散文正式进入文学领域，作品充分表达了对个性、人性的尊重及对整个世界、整个人类的关注。他用怀疑的态度揭露抨击了人与生俱来的弱点和缺点，发掘了人性丑恶的一面，表达了人文主义者对自身人性的评价态度。

西班牙文艺复兴时期代表作家塞万提斯，其不朽名著《唐吉诃德》，表现了西班牙16世纪到17世纪社会政治、经济、道德、文化、风俗的各个方面，广泛反映了西班牙的社会生活，深刻揭露了封建贵族的骄奢淫逸，无情讽刺了骑士制度和骑士文学，对被压迫者的疾苦表现出深切同情，展示了作者的人文主义思想。

"文艺复兴"的文学，但丁开其端，莎士比亚集其大成。莎士比亚是欧洲文艺复兴时期最有成就的戏剧家和诗人，他一生共创作悲剧、喜剧、历史剧37部，还有两首长诗和154首14行诗。他在作品中热情讴歌了人，称人是"宇宙的精华，万物的灵长"，他的戏剧创作多取材古希腊、古罗马、意大利、英国古代的故事和传说，反映的都是英国的现实，他创造的哈姆雷特、奥赛罗、李尔王、夏洛克、罗密欧与朱丽叶等艺术形象，成为千古不朽的艺术典型，恩格斯称赞"莎士比亚创作的情节是生动性和丰富性的完美融合"。

4. 近代时期的文化

美国科学家迈克尔逊和莫雷在1887年进行了一次高灵敏度的光学试验,来检验牛顿的"以太"论。牛顿所描写的宇宙是物质的,物质由原子构成,由于"以太"的存在,物质的运动才成为万能,而"以太"是一种独特的透明载体,物质悬在其中,物质受到宇宙力量的推动,就在"以太"中运动。但试验结果,"以太"根本就不存在。这一论断导致了爱因斯坦"相对论"的提出,"相对论"彻底否定了牛顿的理论。

爱因斯坦认为,物质和能不是相同的东西,而是处于不同状态下的两种形式,两者可以相互转化。能与物质的质量有关,一个小的物体,也可以释放出巨大的能量,只有运动是永恒的,物体的运动接近光的速度时,物体就缩小了。这表明,空间可以在运动中扩大或缩小,光本身也有质量,有质量就要受到重力的影响,因此遥远星球上的光线,通过太阳重力场时,必然偏斜,试验确系如此。

爱因斯坦的相对论彻底推翻了牛顿定律,它告诉世人,宇宙中没有绝对的规律,宇宙是无限的。爱因斯坦的时空规律虽然对人文学科造成极大影响,但他依然没有指出人类社会的存在和人类思维的关系。

奥地利精神分析学家弗洛伊德创立了精神分析法,这又是一次伟大的革命,他的学说对传统道德造成了极大的冲击,鼓励人们向传统的世俗思想进行挑战,对公众的影响远远超过爱因斯坦的相对论。

弗洛伊德学说集中在他的《释梦》《日常生活心理病学》等著作中。19世纪以前的思想家和社会学家都把人看成具有理性的、有意识的,人们的思想和行为都受着外界力量的支配。弗洛伊德在看到人的理性一面的同时,也看到了人也是非理性的和具有潜意识的,潜意识受到内部力量的驱使,人时刻面临着不断的挑战,社会需要人把本能的冲动转化为思想,变为社会能接受的"超我",当转变失败时,就会导致精神病,潜意识中最有动力的则是性冲动。这样弗洛伊德就揭示了人类心中潜意识的奥秘,这一发现对建立在理性基础上的资产阶级的政治、经济、社会伦理等观念,无疑是一个沉重打击,引发了20世纪人类思想的大解放。

第二节 文化自信

一、自信及文化自信

自信是外力强加不了的,它是一种发自内心、充满热情地对自身的尊敬、信任和坚守。同时,它又离不开与其他主体的比较,只有在与异己的比较中,才能对自己进行正确的认知,才能真正发现自身的特质和优势,也才能激发自身在诸变量作用下形成价值判断、获得创造能力。作为一种相对稳定的心理状态,自信是人们心理活动的重要品格,是自我意识的重要组成,在主体发展中具有重要意义。只有具备自信,人们才能保持心理健康,搞好人际交往,实现自我需要,进行社会创造。

所谓文化自信,就是指一定的文化主体对自身文化价值的总体认可和充分肯定,是对自身文化生命力的自豪感和坚定信念。它与文化认知、文化能力和文化价值等密切相关。

二、文化自信的结构要素

从结构要素上讲,文化自信包括主体、客体和主客体关系三个方面。

(一)主体

文化自信的主体可以分为个人主体、集团主体和社会主体。

(1)个人主体,就是现实存在的相对独立的个人。

(2)集团主体,就是按照一定的思想文化、意识形态、价值观念等组织起来的群体,如企业、学校等。

(3)社会主体,就是以共同思想体系、价值观为基础而联系起来的人的总体,包括一定社会的全体公民,如国家、民族等。

在我国五四新文化运动时期出了很多大思想家,如梁启超、王国维、鲁迅、胡适等,他们架构中西、别立新宗,显示出新文化的宏大气象。一方面体现了他们作为民族文化精英的主体自信,另一方面,他们展现出的新文化得到中国知识界的普遍认同,中国知识界乃至广大民众对新文化产生了很大的自信,这又体现了集团主体乃至社会主体的文化自信。

(二)客体

文化自信的客体可能是各种类型的文化,如中华文化、中国传统文化、中国特色社会主义文化等。五四新文化运动时期,人们对新文化创造产生很大的自信,这里自信的客体就是新文化。当前,我们强调文化自信,比照三个自信,应该强调的是对中国特色社会主义文化的自信。这里,中国特色社会主义文化就是自信的客体。

(三)主客体关系

文化自信的主客体关系表现为三个方面:实践关系、认识关系和价值关系。

(1)文化自信的实践关系,就是主体基于对文化的认识和自身需要,运用一定中介,遵循文化发展规律,实现对文化的改造,以及文化被改造的关系。

(2)文化自信的认识关系,就是主体与文化之间反映与被反映的关系。主体认识文化,并根据需要对文化进行选择和加工,形成了对文化的反映和把握。

(3)文化自信的价值关系,就是主体对文化的自信需求以及文化满足主体这一需求的关系。

上述三层关系密切联系,有机统一。实践关系是其中的最基本方面,价值关系则是其中的最高层次,它是主体进行文化实践和认识活动的内在尺度、目的和动力。

第二章 大学英语教学的文化转向

人们从出生起就浸润在母语语言与文化环境中,在习得母语的同时,实际上也学习了母语文化。但是,对于中国人来说,英语属于第二语言,属于一门外语,在学习其语言的过程中也不能忽视对文化的学习。随着全球化趋势的加剧,我国的大学英语教学也必然离不开文化内容的教授。为此,本章就对大学英语教学的文化转向展开分析和探讨。

第一节 文化教学在大学英语教学中的作用

一、符合经济发展的需要

改革开放以后,中国发生了翻天覆地的变化,从曾经贫穷落后的农业大国已经跃升为世界第二大经济体。即使如此,中国依然有着更高的目标,依然要不断提高自己在国际上的经济地位和市场竞争力。国际市场竞争力说到底还是人才的竞争力,大学作为为国家培养、输送人才的主要基地,也必须适应我国经济发展的需要。英语作为高等教育的一门基础学科,影响着学生的职业生涯和可持续发展。英语能力不仅体现在英语知识的掌握程度上,还体现在文化背景知识上。从这一点来讲,大学英语教学中的文化教学也是必不可少的。

二、迎合跨文化交际的需要

在当今大时代背景下,国与国之间的交往日益频繁,这就要求高校学生应该努力学习语言与文化知识,获取语言与文化技能。

世界是一个地球村,经济全球化使得跨文化交际呈现多样性,因此在跨文化交际教学中,教师除了让学生提升自身的语言能力,还应该提升自身的跨文化交际能力,应对交际中出现的各种变化。

另外,随着多元社会的推进,要求交际者应该具备一定的合作能力与意识,无论是生活在什么文化背景中,都应该为社会的进步努力,树立自己的文化意识,用积极的心态去认识世界。可见,跨文化交际教学将英语的价值充分地体现出来,学生对跨文化交际知识的学习也与社会的发展相符,是中西文化交流不断推进的必由之路。

三、符合英语课程的内在要求

《大学英语课程标准》对英语交际能力有着具体的要求。英语文化和母语文化是两种文化体系,因此英语交际能力就是跨文化交际能力的一种体现。跨文化交际能力的提高,要求学生不仅要了解本族文化,也要精通他国文化,而且还要不断接受现实交际的验证。这就要求大学英语教师为了提高学生的跨文化交际能力,必须进行一定程度的文化教学。

四、实现素质教育的主要渠道

现如今,我国对于素质教育非常推崇。作为一门基础课程,英语教学也是素质教育,乃至文化素质教育的重要项目。就跨文化交际的视角来说,大学英语文化教学是实现素质教育的一个重要工具,也可以说是一个主要渠道。这是因为,英语教学除了知识传授外,还有文化素质与文化思维的培养,这与跨文化教学的要求有异曲同工之妙。

因此,在大学英语文化教学中,教师必须将语言与文化的关系处理好,引入西方国家文化,汲取其中的有利成分,发扬我国的文化。

第二节 大学英语文化教学的概念

语言是文化的重要组成部分,语言背后蕴含的是丰富的文化内容。但是,要想明确英语文化教学的相关知识,首先就需要弄清楚其基本的内涵。1994年,著名学者胡文仲在《文化与交际》一书中指出语言与文化的关系,即语言是文化的一种表现形式,属于文化的一部分。如果学生不清楚英美文化,那么将会很难学好英语。

从胡文仲先生这段话中不难看出,要想真正地对语言学会运用,首先就需要对文化有所了解。英语文化教学就是引导学生学习西方的文化知识,增强学生对文化的敏感性。只有这样,才能让学生符合社会对英语人才的需要。

文化教学是从跨文化教育中来的,并且随着跨文化教育的发展而不断进步与发展。跨文化教育有着悠久的历史,从古至今,世界上很多国家都在不断交往与合作,如国家之间的相互旅游、不同国家之间的留学等。实际上,这都是跨文化教育实践的内容与范畴。

世界上不同文化之间不断交流与合作,促进各国文化不断进步与发展。但不得不说,由于受价值观念、思维模式等的影响,必然会存在文化差异,这就可能导致出现冲突或者隔阂。为了保证各个国家、民族之间可以顺利进行交往,就必然需要学习对方的

第二章 大学英语教学的文化转向

文化,这就需要跨文化教育的参与。跨文化教育这一领域非常新颖,大约是在1960年产生的,因为在这一时期,出现了很多的移民,其存在导致了很多社会问题的产生。最开始,移民国家对于移民如何适应当地环境、如何生存非常关注,随着时代的进步,他们也开始关注文化交融,并开始研究为何会出现文化交融,为何有的文化交融后会消失,为何文化会出现变迁等。之后,跨文化教育理论逐渐产生,如文化融合理论、文化变迁理论、多元文化教育理论等。

作为一种国际性的思潮,跨文化教育主要是在1990年前后产生的,是在联合国教科文组织的推动下得以产生的。从1980年,联合国教科文组织开始分析和研究教育与文化二者的关系,尤其是教育对文化会产生怎样的作用。之后,联合国教科文组织开始组织各种活动,并提倡应该编写合适的教材,让孩子们能够了解不同文化知识。

到了1990年,基于联合国教科文组织的推动,跨文化教育的理念更加清楚和明确,并得到了很多国家、地区的认可。之后,联合国教科文组织召开了第43届教育大会,在这次大会上,将教育对文化的贡献作为主题,促进了世界各国跨文化教育的进步与发展。具体来说,主要体现为如下几点。

第一,注重人的全面发展,并认为应通过人与人之间的接触来促进人的全面发展。

第二,明确联合国教科文组织的重要目标在于对教育进行普及、对文化进行传播,从而保证文化的独立性与多样性。

第三,明确每个人都有权利参与到文化互动之中,对文化生活加以享受。

第四,对不同文化之间的交往活动予以重视,从而保证文化具有多样性,也能够将文化的特性彰显出来。

第五,对教育与文化的关系予以明确,尤其是教育对文化产生的影响。

第六,对跨文化教育的概念予以明确,并指出跨文化教育的目的在于对文化的尊重以及对文化多样性的理解。

第七,对跨文化教育的内容与范畴加以界定,不仅容纳了某些学科的内容,还将所有学科教育与学校媒体、学校系统等内容融入进去。

第八,认为学校应该与社会环境结合起来,构筑成一个有效的会话场所,并逐渐拓宽学生的视野,尤其是文化视野。

第九,对跨文化教育的方法与策略予以明确,并阐释了教育课程、教育内容等原则。

第十,主张构建跨文化教育的质量标准,从而推进跨文化教育在世界的进步与发展。

另外,1994年联合国教科文组织的第44届国际教育大会也重点提出了跨文化教育,并对跨文化教育理念进行深化。它将"国际理解教育"作为主题,并发表了《国际理解教育的总结与展望》这一纲领性文件,这一文件强调如下三点。

第一,教育政策必须对人们、社会与文化三者的相互理解有帮助,并能够使三者相互包容。

第二,教育必须对提升文化认知与文化态度有帮助,有助于和平、民主的文化价值观的构建。

第三,教育机构要逐渐成为一个理想的场所,即对人权能够宽容与尊重,努力构建文化的多元化。

基于这一文件,1996年,联合国教科文组织又发布了一项专题报告——《国际理解教育:一个富有根基的理念》。在这一报告中,明确指出了对各国文化的理解是跨文化教育的重要目标。

进入21世纪,联合国教科文组织为了能够将跨文化教育更好地推进,提出了具体的措施与方针,随着这一方针的推动,世界各国建立了相应的机构,其都是为了对跨文化教育予以推进。可见,跨文化教育在当代已经成为一种普遍现象,也必须被重视起来。

正因为跨文化教育不断发展,英语文化教学逐渐被人们关注,并展开了对其内容、目标等多个层面的研究和探讨。

第三节　大学英语文化教学的内容与目标

英语文化教学要求不仅在教学中教授语言知识,还需要在教学中教授文化知识。英语文化教学的目的在于研究不同文化之间的异同点,培养学生对文化的敏感性,用于跨文化交际。本节就来分析英语文化教学的内容与模式。

一、大学英语文化教学的内容

(一)与词汇相关的文化

对于英汉语言来说,词汇是其组成的细胞,英汉两种语言中的词汇是非常丰富的。但是,这种丰富性也导致了英汉词汇在词义、搭配、构词方式等层面的差异性。

1. 词汇意义差异

(1)完全对应。在英汉两种语言中,有些词在词义上是完全对应的,一般这类词包含名词、术语、特定译名等。例如,paper指代"纸",steel指代"钢"。

(2)部分对应。在英汉两种语言中,有些词呈部分对应,即有些英语词词义广泛,而汉语词词义狭窄,有些英语词词义狭窄,但汉语词词义广泛。例如,sister既代表"姐姐",又代表"妹妹";red既指代"红色",又可以指代"紧急、愤怒、极端危险"。

(3)无对应。受英汉文化的影响,英汉语中很多专门的词在对方语言中找不到对应词,就是所谓的"无对应",也可以被称为"词汇空缺"。例如,chocolate即"巧克力",hot dog即"热狗"。

(4)貌合神离对应。在英汉两种语言种,有些词表面看起来是对应的,其实不然,这种对应的词语可以称为"假朋友"。例如,

grammar school 为"公立中学",而不是"语法学校";talk horse"吹牛",而不是"谈马"。

2. 词汇搭配能力差异

词汇搭配研究的是词与词之间的横向组合关系,即所谓的"同现关系"。一般来说,搭配是约定俗成的,但是英汉搭配存在着明显的规律,不能混用。例如:

as plentiful as blackberries 多如牛毛

black tea 红茶

另外,很多词具有很强的搭配能力,如英语中的 to do 可以构成很多词组。to do the bed 意思是"铺床",to do the window 意思是"擦窗户",to do one's teeth 意思是"刷牙",to do the dishes 意思是"洗碗碟"。通过上述 to do 组成的这些词语可以看出其搭配能力的广泛,可以用于"床""窗户""牙""碗碟"等,但是汉语中与之搭配的词语不同,用了"铺""擦""刷""洗"等。

再如,汉语中的"看"也是如此。"看电影"即 see a film,"看电视"即 watch TV,"看地图"则为 study a map。

(二)与句法相关的文化

在英语中,句法起着十分重要的作用。中西句法的差异有很多,这里主要从语态、句子重心两个层面入手分析。这些差异也反映出使用不同语言的民族思维方式与文化心理结构的不同,因此是值得了解与研究的。

1. 语态差异

中西方思维模式的不同也必然会影响着语态的选择。通过分析英汉语可知,英语善用被动语态,而汉语善用主动语态。

(1)汉语善用主动语态。在做事层面,中国人侧重动作执行者的作用,即所谓的重人不重事儿。在语言使用中也是如此,中国人更习惯采用主动语态来表达,以陈述清楚动作的执行者。

但是,汉语中也存在被动语态,主要来表达不希望、不如意的事情,如受祸害、受损害等。受文化的影响,汉语中的被动语态往往比较生硬。例如,"饭吃了吗?"这句话虽然使用被动语态表达,但是显得非常别扭,甚至很难读,因此应改为:"你吃饭了吗?"

(2)英语善用被动语态。西方人对于物质世界的自然规律是非常看重的,习惯弄清楚自然现象的原理。在语言表达上,他们习惯采用被动语态来对活动、事物规律或者动作承受者加以强调,对于被做的事情与过程非常看重。

从语法结构上说,英语中存在十多种被动语态,时态不同,其被动语态结构也存在差异。例如:

Apple trees were planted on the hill last year.

去年山上种了很多苹果树。

这个句子为一般过去时态,其被动语态表达的也是过去的情况。

2. 句子重心差异

在句子重心上,汉语句子重心在后,英语句子一般重心在前。也就是说,汉语句子一般把重要信息、主要部分置于句尾,而次要信息、次要部分置于句首。英语句子一般将重要信息、主要部分置于主句之中,位于句首。例如:

He was repeatedly defeated though he fought over and over again.

He fought over and over again though he was repeatedly defeated.

上述例句源于一个传说,清朝末期,湘军头领曾国藩围剿太平军的时候,接连失败,甚至有一次差点丢了性命。于是,他向朝廷报告战事时说"屡战屡败",翻译成英语为第一句话。但是他的军师看到了这一点,立即将其改为"屡败屡战",即第二句话。

从字面看,这两句话中用了同样的词,只是更改了语序,但是含义却大相径庭。"屡战屡败"说明曾国藩一直失败,丧失信心,甘愿领罚;而"屡败屡战"则说明曾国藩是一个忠肝义胆的汉子,应该受到朝廷的褒奖。正是由于军师巧妙地更改,不仅保全了曾国藩的面子,也救了他的命。

(三)与语篇相关的文化

对于英汉两种语言来说,语篇即语言的运用,是更为广泛的社会实践。在中西语言中,语言是词汇、句子等组合成的语言整体,是实际的语言运用单位。人们在日常交谈中,运用的一系列段落都属于语篇。同时,语篇功能、语篇意义等都是根据一定的组织脉络予以确定的。中西语篇在组织脉络上存在着明显的差异,这些差异影响着人们的谋篇布局。

1. 逻辑连接差异

(1)隐含性与显明性。所谓隐含性,是指汉语语篇的逻辑关系不需要用衔接词来表示,但是通过分析上下文可以推断与理解。相反,所谓显明性,是指英语中的逻辑关系是依靠连接词等衔接手段来衔接的,语篇中往往会出现 but,and 等衔接词,这可以被称为"语篇标记"。汉语属于意合语言,英语属于形合语言,前者注重意念上的衔接,因此具有高度的隐含性;后者注重形式上的接应,逻辑关系具有高度的显明性,例如:

跑得了和尚,跑不了庙。

The monk may run away, but never his temple.

上述例子中,汉语原句并未使用任何连接词,但是很容易理解,是明显的转折关系。但是,在翻译时,译者为了符合英语的形合特点,添加了 but 一词,这样才能被英语读者理解。

(2)展开性与浓缩性。除了逻辑连接上的隐含性,汉语呈现展开性,即常使用短句,节节论述,这样便于将事情说清楚、说明白。英语在语义上具有浓缩性。显明性是连接词的表露,是一种语言活动形式的明示,但是浓缩性并未如此。英语具有独特的思维方式与语言特点,这也决定了表达方式的高度浓缩性,习惯将众多信息依靠多种手段来思考,如果将其按部就班地转化成中

文,那么必然是不合理的。例如:

She said, with perfect truth, that "it must be delightful to have a brother," and easily got the pity of tender—hearted Amelia, for being alone in the world, an orphan without friends or kindred.

她说道,"有个哥哥该多好啊,"这话说得入情入理。她没爹没娘,又没有亲友,真是孤苦伶仃。软心肠的阿米莉亚听了,立刻觉得她很可怜。

上例中,with perfect truth 充当状语,翻译时,译者在逻辑关系上添加了"增强"的逻辑关系。英语介词与汉语介词不同,是相对活跃的词类,因此用 with 可以使感情更为强烈,在衔接上也更为紧密。相比之下,汉语则按照语句的次序进行平铺,这样才能让汉语读者理解和明白。

(3)迂回性表述与直线性表述。英汉逻辑关系的差异还体现在表述的直线性与迂回性上。汉语侧重铺垫,先描述一系列背景与相关信息,最后总结陈述要点。英语侧重开门见山,将话语的重点置于开头,然后再逐层介绍。例如:

Electricity would be of very little service if we were obliged to depend on the momentary flow.

在我们需要依靠瞬时电流时,电就没有多大用处了。

上例中的逻辑语义是一致的,都是"增强",但是在表述顺序上则相反。英语原句为主从复合句,重点信息在前,次要信息在后,在翻译成汉语后,则次要信息优先介绍,而后引出重点信息,这样更符合汉语的表达。

2. 表达方式差异

(1)主题与主语。汉语属于主题显著语言,其凸显主题,结构上往往包含两个部分:一部分为话题,一部分为对话题的说明,不存在主语与谓语之间的一致性关系。英语属于主语显著的语言,其凸显主语,除了省略句,其他句子都有主语,主语与谓语呈现一致性关系。对于这种一致性关系,英语中往往采用特定的语法手段。例如：

The strong walls of the castle served as a good defense against the attackers.

那座城墙很坚固，在敌人的进攻中起到了很好的防御效果。

显然，英语原句有明确的主语，即 The strong walls of the castle，其与后面的谓语成分呈现一致关系。相比之下，翻译成汉语后，结构上也符合汉语的表达，前半句为话题，后半句对前半句进行说明。

（2）客观性与主观性。中国人注重主观性思维，因此汉语侧重人称，习惯采用有生命的事物或者人物作为主语，并以主观的口气来呈现。西方人注重客观性思维，因此英语侧重物称，往往将没有生命的事物或者不能主动发出动作的事物作为主语，并以客观的口气加以呈现。受这一差异的影响，汉语往往以主体作为根本，不在形式上有所拘泥，句子的语态也是隐含式的，而英语中的主被动呈现明显的界限，经常使用被动语态。例如：

These six kitchens are all needed when the plane is full of passengers.

这六个厨房在飞机载满乘客时都用得到。

显然，英语句子为被动式，而汉语句子呈现隐含式。

二、大学英语文化教学的目标

在当前，大学英语文化教学的目标是提升学生的跨文化交际能力，具体来说，主要可以从如下三点来理解。

（一）帮助学生树立多元文化意识

了解世界文化的多样性，有助于人们建立多元性的观念。文化不同，其产生的背景也不同，因此彼此之间不能进行替代。在全球化视角下，不同文化群体之间的交流变得更为频繁，因此人们需要理解与尊重不同的文化，这样避免在交际中出现交际困难或者交际冲突。

在英语文化教学中,教师应该让学生对不同文化进行了解与熟知,让他们不仅要了解自身的文化,还要了解他国的文化,这样才能建构他们多元化的意识。

(二)发展学生的批判性思维

在英语文化教学中,教师应该培养学生的批判性思维,让学生逐渐反思本国的文化,然后将那些有利的条件综合起来,对文化背后的现象进行假设,从而建构自己的文化观。

(三)为学生创造学习异质文化的机会

当不同文化之间进行了解与接触的时候,难免会出现碰撞,并且很多人可能对这种碰撞感觉到不舒服、不适应。因此,在英语文化教学中,教师应该让学生了解这一点、规避这一点,从而提升自身的文化适应能力。

第四节 大学英语文化教学的具体模式

随着英语教学不断开展,教师对于英语的文化内涵开始给予关注,并且知道在英语教学中培养学生的文化交际素质是非常重要的。在文化教学中,教师应采用恰当的教学模式,只有这样才能实现教学目的。一般来说,文化教学的模式主要有如下几种。

一、"交际—结构—跨文化"模式

文化教学的常见模式就是"交际—结构—跨文化"模式,这一模式与中国人的英语教学习惯相符合。在英语教学中,中国的大多数学生都是以汉语思维展开的。这种认知与思维方式与英语学习的规律不相符。心理学家指出,事物之间的差异越大,那么就越能对人类的记忆进行刺激。"交际—结构—跨文化"模式能够从英语学习的全过程出发,展开认知层面的刺激。在教学的各个阶段,都对学生的目的语思维模式产生影响。

(一)交际体验

交际体验即让学生掌握一定的交际能力,通过运用英语展开交际。交际能力是人们为了对环境进行平衡而实施的一种自我调节机制。通过这种交际体验,能够不断提升学生的交际能力。在交际过程中,交际双方需要建立在一定的语言交际环境的基础上,不断熟悉和了解交际双方的背景知识,从而将交际双方的交际技能发挥出来。我国的英语教学需要为学生营造能够进行交际体验的环境,这样才能形成一种双向的互动与交际模式。

(二)结构学习

结构学习将语言技巧作为目标,将语言结构作为教学的中心与重点内容,从而利用英语展开教学。语言具有系统性,语言教与学中应该对这种系统性予以利用,找到教与学中的规律,实施结构性学习方式。结构学习要对如下几点予以关注。

第一,对学生的英语结构运用能力进行培养。
第二,对学生的词汇选择与创造力进行培养。
第三,对学生组词成句、组句成篇能力进行培养。
第四,对学生在不同语境下的交际能力进行培养。

(三)跨文化意识

跨文化意识是将对文化知识的了解与熟知作为目标,对文化习俗非常重视,应利用英语为学生讲解文化习俗方面的知识。要想具备英语文化知识,学生不仅要对英语国家的历史与文化活动有所了解,还需要对相关文学作品进行研读,同时还要了解相关国家的风俗与习惯,从而形成对西方文化学习的热情与兴趣。久而久之,英语教学就成为一种对文化的探索教学,从而激发学生的学习兴趣,提升学生的学习效果。

这一模式要求在整个教学中需要对中西方文化进行对比,从而培养学生的跨文化意识。

二、"文化因素互动"教学模式

考虑英语文化教学中存在多种问题,很多专家、学者从不同的视角提出了不同的解决方案,但是总体上都不能令人满意。文化的双向传递指的是在英语教学中,以中西方文化作为中心,以对文化的学习来促进语言的学习,从而建构学生的中西方文化知识结构,培养他们的跨文化交际能力。

文化因素互动目的是克服因英语教学中单向西方文化输入产生的问题,尤其是"中国文化失语"现象的出现,而使用中西方文化的双向输入;克服零散的点的输入,而使用系统的文化输入;克服片面的流行文化的输入,而是以文化精髓与文化底蕴进行输入;克服被动的文化输入,而是采用主动的文化建构输入。

在英语教学中实施文化因素互动模式,有利于对学生的文化知识结构进行优化,培养学生的文化能力与意识,提高学生的跨文化交际能力,使学生能够在适应全球化发展的同时,对本土优秀文化进行弘扬,保证中西方文化的平等对话。

当前,多数英语文化教学将西方文化作为教授的内容,多以西方文化作为教学重点与资源,但是未将中国文化传播纳入教学之中,这是不对的,本书主张采用文化双中心原则。虽然当前基于全球化背景,文化研究多是以西方范式作为主导,但是我们也不能忽视本土文化。很多中国学者呼吁应该进行中西方文化的平等对话,而要想实现平等对话,主体必然是中国人,并且是懂得如何进行平等对话的中国人。

中国的大学是培养中国人才的摇篮,中国的大学英语教育应该承担责任,在英语文化教学中坚持文化双中心原则,将中国文化教学与西方文化教学相结合,实现二者的并重,这样才能真正地做到知己知彼,才能避免出现"中国文化失语"的现象。

第三章 文化自信视域下大学英语文化教学的改革

通过调研看出,当代学生更为喜爱具有中华民族特色的中国名著。取其精华,去其糟粕,这是对中国传统文化的正确态度。我们既要保护好中国传统文化中的精华部分,使之发扬光大,同时对于文化中的糟粕部分我们也需要进行正确的取舍,维护好民族文化。对于英语文化教学而言,教师应该树立"文化自信"意识,在这一意识的指导下展开英语文化教学,不仅重视西方文化的传授,而且要重视中国传统文化的弘扬。为此,本章就针对文化自信视域下大学英语文化教学的改革展开研究。

第一节 大学英语教学中文化性乏弱的表现与归因

所有的英语教学不可能忽视词汇教学、语法教学等语言知识教学以及听力、口语、阅读、写作、翻译等语言技能教学,这是国内英语教学的实际。语言学习的目的在于交际,而交际不仅涉及日常交际,还涉及从信息到文化的更深层次的互动与沟通,这是交际的必然趋势与要求。因此,就中国的学生而言,评价他们外语能力的标准并非具备某一英语证书,而是具备实实在在的交际能力,而这种交际能力的高低往往取决于文化能力的高低。

但是,当前的英语教学仍旧未能摆脱传统的费时低效的怪圈,有些学生能够在学校期间顺利通过测试,但是学到的英语仅仅是"哑巴英语",一旦涉及交流层面,问题就出现了。还有一些学生的英语基础掌握得不扎实,虽然经过了努力,但是仍旧不能通过测试,未能拿到英语证书,因此这些学生的英语学习是痛苦的。

基于这些问题,大家不得不思考,当前的英语教学应该教授学生什么?难道真的是教授学生背单词的方法,忘记之后再去背诵?还是教授学生各种应试技巧,帮助学生顺利拿到证书?这些问题在英语教学中是不可回避的。但是实际上,多年来的英语教学忽略的关键问题就是文化知识传授问题,导致当前的英语教学中文化乏弱。

一、大学英语教学中文化性乏弱的表现

(一)教材中的文化因素未受到足够重视

英语教材中的材料常涉及丰富的文化资源,需要教师注意分析与挖掘。例如,《大学英语精读》第三版第二册第一单元《晚宴》(*The Dinner Party*)一文,是在英国殖民地时期的印度发生的一个故事。最终,因餐桌下的一条眼镜蛇,男性与女性谁更勇敢的争论得以确定。教师在向学生讲授这一课文时,可以对印度的相关历史与习俗做简单介绍,并且要注意介绍西餐的流程与餐桌礼仪,确保每节课都涉及一些文化方面的内容,激发学生学习的兴趣,使课堂活动变得更丰富。但是,课后的注释部分只是简单说明了文章的出处以及相关的几个句子,对于所包含的文化知识并未提及。

目前,在英语教学常用的几种教材中,注释部分涉及文化知识方面的非常匮乏,对文化学习不够重视,这对学生学习文化知识非常不利。

(二)学生经常出现跨文化交际失误

中国学生在学习英语的过程中,通常习惯用中国式的思维方

式与文化准则来分析并理解英语表达,对于其背后隐含的深层含义无法准确地理解,从而使跨文化交际出现失误。

例如,在汉语中,人们用"特别"来形容女士的穿着是很常见的。但是,如果学生用相同的思维方式,对美国人说:"You are very special in it."(你穿这身衣服很特别。)他们听了往往会不安地问道:"In a good way or bad way?"(是好的方面的特殊还是坏的方面的特殊?)这是因为,在美国文化中,说一个人 special 一般指"心智不健全,智障",含有贬义。

类似这样的交际失误经常发生,这也体现了我国英语文化教学严重不足。

二、大学英语教学中文化性乏弱的归因

(一)跨文化接触的日益频繁

随着人类社会与思想的进步,人类的生活更加开放,不同国家、民族的人们因生存的需要或者偶然的相遇而开始交往,并日益频繁。于是,跨文化交际应运而生。如果说人与人之间、家庭与家庭之间的交往是以民族化为特征的早期交往形式,那么国家与国家之间、民族与民族之间的接触则呈现了地域化或国际化的特征,进而演变成现在的全球化特征。从古至今,尤其是经济与科技发达的今天,不同民族间的交往日益紧密,而且逐渐成为国家与民族兴旺的重要一环。因此,这也加速了文化教学的产生与发展。

(二)中国文化失语现象的出现

为满足国家"开放"和"引进"战略对外语人才的需求,各层次外语教育过度倚重语言的工具性学习。长期以来,社会上已经形成了过分重视分数高低、忽略对学生德育培养的倾向,忽略人文教育。英语教学内容中人文性教育内容较少,导致了英语教学中

人文教育失去了内容支撑。外语教学仅仅围绕英语能力所代表的西方文化的学习，中国文化相关内容长期处于被忽视状态。在应试教育目标的指挥棒下，教师的中国文化意识薄弱，将培养学生的英语应用能力看作唯一目标。另外，从人才培养的角度来看，我国师范类高校英语专业学生缺乏中华文化的学习，对中国传统文化缺乏系统的了解，这直接造成了英语教师中国文化修养的缺乏以及中国文化教学能力的低下。培养出色的国际化外语人才的前提，是教师首先要具备足够的中国文化素养。

（三）跨文化冲突的严峻性

经济全球化导致各个国家在各个领域都发生着程度不同的交际，因此商品、技术、信息、人员等生产要素的跨国流动非常频繁。在这个国际化的时代里，世界以一个整体的形式出现。不同文化背景的人进行着频度更高、范围更广、层次更高的跨文化交流。人们逐渐意识到，跨文化交际不是简单的英汉互译，而是需要交际者深刻理解彼此的文化背景。在越来越多的、越来越深层的跨文化交往出现的同时，越来越严峻的跨文化交往形势也随之出现。

跨文化冲突是伴随着跨文化交际的产生而产生的，在跨文化交际中难以避免跨文化冲突。我们在认识到文化差异的同时，应该思考如何有效避免跨文化冲突。跨文化冲突包括非暴力性的摩擦性冲突和暴力性的对抗性冲突。摩擦是跨文化交际中误解与分歧导致的不同文化间的争执。摩擦是普遍的、经常发生的。对抗是不同文化之间的暴力冲突，它可能进一步演变为军事化的暴力冲突，也就是战争。对抗是残酷的，总是伴随生命伤亡。当摩擦长期存在并不断加剧，就恶化为对抗，甚至暴力性的对抗冲突。跨文化交际中的摩擦常常以争执、辩论、批评、谩骂等为语言表现形式，以游行示威和请愿抗议为政治行为表现形式。跨文化交际中的摩擦在长时间的积淀中，就形成了跨文化冲突。

1. 跨文化冲突的普遍性

其一,跨文化冲突普遍存在于世界各地。古今中外,跨文化冲突无处不在。历史悠久的中国,同时也有着跨文化冲突的悠久历史。中国文化的独特性,决定了中国文化和其他文化之间必然发生各种各样的跨文化冲突。近代以来,中国文化与欧洲文化一直处于征服与反征服的冲突状态。除此之外,中国与美国、日本、印度、菲律宾等国家之间也存在跨文化冲突。其中,中国和美国的跨文化冲突表现得最为严重。中国与美国之间的共同性不少,并且有着许多的利益牵连,两国之间的学习、商务往来也非常频繁,但是中国与美国的跨文化冲突的历史较长。

其二,跨文化冲突普遍存在于各种文化层面。跨文化冲突可以发生在文化的各个层面,包括价值观、制度、生活方式等。

价值观是深层文化因素,是导致跨文化冲突的根本原因。因此,制度、生活方式等层面的跨文化冲突就是价值观层面的跨文化冲突在制度、生活方式层面的一种写照。所以,我们可以通过价值观层面的跨文化冲突来理解文化各个层面的跨文化冲突。

2. 跨文化冲突的尖锐性

其一,激化程度不断加强。跨文化冲突如果长期存在,没有得到缓解,并且反复进行,就可能不断激化,演变为对抗。

其二,爆发性逐渐增强。跨文化冲突的导火索可能是很小的事件,但最后往往酝酿成大的灾难性事件,以对抗收场。当争吵使得矛盾到达爆发的临界点时,异常大规模的跨文化冲突就会爆发。

3. 跨文化冲突的复杂性

文化本身就是一种复杂的现象,跨文化冲突就更应该是一种复杂的现象。有人认为,文化差异是导致跨文化冲突的根本原因。事实上,文化差异可能导致跨文化摩擦,但不一定会引起跨

第三章　文化自信视域下大学英语文化教学的改革

文化对抗。如果文化差异的双方尊重对方的存在价值，就不会产生跨文化冲突。可见，文化差异不一定导致跨文化冲突。导致跨文化冲突的根本原因是试图强制性地消除差异。当一方试图使对方与自己统一，从而消除对方时，冲突就出现了。如果文化差异的双方都想将彼此取而代之，跨文化冲突就表现得十分明显。我们要消除的是跨文化冲突，而不是文化差异。因此，我们绝不能抱有消除差异、同化对方的观念。

4. 跨文化冲突的长期性

跨文化冲突是长期普遍存在的，并且跨文化冲突的影响也将长期存在。一些跨文化冲突消失了，另一些跨文化冲突又产生了，甚至原来已经消除的跨文化冲突又死灰复燃。即使一些跨文化冲突本身消失了，但是这些跨文化冲突造成的不良氛围将长期存在。跨文化冲突引起的仇恨情绪难以消除，任何一方的非理性言行都可能导致跨文化冲突的进一步激化，从而引起新的跨文化冲突。因此，我们应该弱化当前的跨文化冲突，避免当前的跨文化冲突成为新的跨文化冲突的催产素。

面对跨文化冲突的严峻形势，人们要从人类文化本身去寻求跨文化冲突的解决之道。人类要充分发挥人类文化的创造性，创造出消除跨文化冲突的新文化，以实现更加和谐、丰富的跨文化时代以及更加美好的人类生存形态。对此，联合国等组织大力提倡跨文化对话，联合国教科文组织就提出了"跨文化教育"，并在很多区域组织了一些跨文化教育实践，以此实现文化和平的理想。对于从根本上消除跨文化冲突，跨文化教育有着无限的可能和巨大的潜力。

(四)教学大纲中缺乏可操作性的具体指导

2007年7月，教育部下发了《大学英语课程教学要求》作为各高等学校组织非英语专业本科生英语教学的主要依据。整个文件较为详细地规定了听力理解能力、口语表达能力、阅读理解能力、书面表达能力、翻译能力、词汇量等,但是关于"跨文化交际",仅仅在教学性质和目标中出现一次,缺乏量化指标和可操作性的指导。

(五)教学具有明显的功利性

在"考本位"的教育体制影响下,我国的英语教学从小学、初中到高中都呈现出明显的功利性。考试考什么,教学就讲什么。其中,初、高中课堂为了应对升学,教师在课堂上将重点放在对语言知识的讲授上,较少涉及文化教学。

受这种学习方式和指导思想的影响,很多教师与学生将教学的目标看作通过考试,教师的教学实践服务于学生英语过级。这可能有利于提升学生的应试技能,但是导致学生难以学习到英语文化知识。

(六)英语教学中侧重语言学立场

所谓英语教学的语言学立场,即将外语作为一门语言知识来教授的教育策略。具体来说,英语教学的语言学立场主要教授给学生词汇、语法等语言知识与语言规则,忽视语言背后的其他内容的教授,外语教育中这种单一的语言学立场明显是具有局限性的。

1. 割裂了语言与文化的内在关联性

众所周知,语言与文化关系密切,语言是文化的载体,文化是语言的灵魂。语言教育肩负着使不同文化得以传递、保存、发展的重要责任,因此英语教学是一种文化传播的过程与手段。

语言与文化具有同构性。从语言的形式构成来说,任何语言都是由语音、词汇、语法等要素构成的;从原因的形成来说,任何原因都是对特定价值观念、思维方式等的反映,每一种语言都与某一特定的文化相互对应,而修辞的运用、语言结构的选择、语言意义的生成等都会受到文化特性、文化价值观的规范与制约。因

第三章 文化自信视域下大学英语文化教学的改革

此,就本质上而言,语言的发展与传播反映的是文化思维方式、文化价值观念等的变革。就教育层面来说,语言学习的过程就是文化理解、文化传播的过程,也是促进学生思维方式与价值观念建构的过程。如果学生的语言学习离开了文化学习,那么学生学到的仅仅是语言符号,只能导致语言学习的符号化。

也有人认为,文化学习是源自语言学习的。但是如果把文化的东西简单地视作形式化的语言符号,那么文化学习就走向纯粹的原因符号了。传统的外语教育只注重语言形式的学习与技能培养,人为地将语言教学与文化教学割裂开来。这样很多学生即便学到了语言知识,能够说一口流利的语言,但是也很容易出现语用错误。实际上,任何知识都是由三个部分组成的:符号表征、逻辑形式与意义,而逻辑形式与意义不仅在符号表征中呈现,还在语言知识特有的文化元素中呈现。如果将语言的符号知识与其隐含的文化元素割裂展开教学,便是割裂了语言知识与文化内涵之间的关系,这样的外语教育显然也会失去文化立场。

2. 不利于渗透国际理解教育

与母语相比,英语教学为学生打开了另外一扇窗户,其能够引导学生了解另外一个民族的语言文字以及背后的文化与价值观念等,进而提升学生的文化理解力。尤其在当前经济全球化背景下,英语教学需要确立一种开放的思维方式,引导学生逐渐形成国际理解力,但是英语教学这种单一的语言学立场显然并未认识到文化的重要作用,很难让学生认识多元的世界,形成一个开放的思维。

3. 不利于提升学生文化选择力、文化判断力、文化理解力

我国社会就文化背景的构成来说,虽然不像西方国家社会具有那么大的差异,但是内部也会存在一些文化传统。基于这样的现实,如何开展与文化模式相适应的教学呢?随着我国改革开放的推进,国际合作办学不断发展,很多城市开办了国际学校,招收

不同国籍、不同种族、不同文化背景的学生,这必然对多元文化教育提出更高的要求。教师如果对不同的文化模式不了解,就很难驾驭多元文化教育课题要求,很难提升学生的文化选择力、文化判断力、文化理解力。

第二节 文化自信视域下大学英语文化教学的现状与意义

何谓"文化自信"?文化自信是一个民族、一个国家、一个政党对自身文化价值的充分肯定和积极实践,并对其生命力的高度自信。当前,中国在国际上的地位越来越高,拥有越来越多的发言权,为了让更多的人了解与认识中国,我们必须倡导文化自信,将中国的传统文化传播出去,这在教育领域尤其应该引起大家的重视。当然,英语教学作为教育体系的重要组成部分,同样应该在教学过程中引导学生树立文化自信意识。本节重点分析文化自信视域下大学英语文化教学的现状与意义。

一、文化自信视域下大学英语文化教学的现状

在英语文化教学中,应该将文化自信融入进去,从而更好地培养出顺应时代要求的英语人才。但是,在现实情况下还存在着很多问题。下面就对文化自信视域下英语文化教学的现状展开分析和探讨。

(一)课程目标迷失

任何课程都是教学性目标与教育性目标的集合,教学性目标侧重于学科的特定传递;教育性目标侧重于人的全面发展。对于文化课程而言,两大目标都属于其重要的手段,二者是目的关系。当前文化课程正在发展成为一种"符号表征",一种"文本",正是

这种文本,可以解读出很多意义,如审美意义、个性意义等。

但是,无论是传统语言学对语法的关注、结构语言学对形式分析的关注,还是交际语言教学对语言技能的关注,英语文化课程目标往往局限于词汇、句法、表达等教学性目标层面,缺乏对教育性价值的挖掘。

现实中,提高学生的人文素养还只是英语文化课程的总体要求,并没有划分出具体的目标,英语文化教学的目标并不是通过语言去认识世界,而仅仅是通过语言来创造自己,这样的现状导致英语文化教学中缺乏人文精神与东西方沟通能力,这也是当前英语文化教学中出现危机的来源。

(二)传统文化教育缺乏资源与平台

近年来,国家对传统文化的教育与重视程度还是不够,就连高校校园开设的文化课及其他选修课程的现状也不尽如人意,其他针对学生的传统文化教育形式也不多,某种程度上,学生从文学、文字、文化载体上获得的传统文化传承还不及高中阶段。

在当今全球化时代,随着资本主义国家文化和意识形态的渗透,以及文化和价值观选择的多元化,一些学生失去了中国传统文化的方向,一味盲目地推崇西方文化和其他异质文化,对中国优秀传统文化全盘否定。

(三)多元文化激荡冲击下的传统文化不自信

在"互联网+"的作用下,学生有了更多获得信息的渠道。当社会上出现热点或突发事件的时候,学生往往第一时间看到的是被反复放大的信息。从而导致对不良现象关注更多,产生对自身自信意识的冲击与破坏。在全球化的影响下,不同类型的文化在不同程度上的交流传播,这些都给本土传统文化带来了一定冲击力。

(四)英语文化课程内容遮蔽

在全球化语境下,跨文化交际越来越频繁,并且互为参照、互为主观。这促使人类文明逐渐走向"各美其美、美人之美、美美与共、天下大同"。但是,英语文化教材作为英语文化课程内容的反映,出现了严重的"中国文化失语"现象。学生仍然沉浸于英美文化之中,对英美文化的重视超过了对本土文化的认同,因此很难对等地输出本国的文化,这也是导致"哑巴英语"的根源。

因此,自 2013 年 12 月起,全国大学英语考试委员会对大学英语四、六级进行了改革,将部分翻译题型调整成为汉译英,内容涉及中国历史、中国文化、中国经济等,希望通过这样的变革为中国的英语文化教学敲响警钟,促进大学英语文化课程内容的改革,挽救当前的不平衡状态,实现母语文化的正迁移。不得不说,当前的英语文化教学中,目的语文化要比母语文化从内容到形式上都占有更大的比重,呈现了"半边天"的尴尬境地。

(五)英语文化课程主体素养不足

课程教学是为了人,也得依靠人。也就是说,英语文化课程目标、内容都离不开一个关键因素——课程主体,尤其是英语文化教学中教师的综合素质。但不容乐观的是,当前英语教师的综合素养不足,从群体而言,他们的目的语语言素质要高于综合文化素养。这一现象主要受改革开放以来外语教育工具取向的影响,也与教师本身的职业认知相关。

在具体的教学实践中,英语教师往往更多谈论的是目的语历史与文化,却很少提及中国历史与文化。在这样的教学背景下,学生往往过了新鲜劲儿之后就会陷入审美疲劳的境地,甚至无法将文化课程内容与现实相结合,也无法将文化课程内容落到实处。

二、文化自信视域下大学英语文化教学的意义

课程是学校教育的载体,通过学科课程,学生才能获取课程内容,从而促进自身的成长与发展。课程具有明显的政治色彩,

其不是纯粹的、客观的,也不是无关的、无价值的。之所以语言课程存在政治性,主要是因为语言政治性的存在。语言不仅是一种对社会生活的呈现,更是一种文化对某种社会价值的表达与呈现。换句话说,语言在社会生活中充当的不仅是工具,还是目的。

相应地,语言课程也就有了二重性的特征,即目的—手段,其不仅是知性的呈现,还是人性的呈现,对于学生的世界观、人生观、价值观有着独特且直接的影响。因此,在英语文化课程中,应该实现目的语文化与母语文化的并举,实现二者的平等对话,这样使学生一方面可以从不同的视角反思母语文化,另一方面对目的语文化有客观、全面的认识,从而实现二者视域的融合,发现不同文化的价值,获得文化自信。

实际上,自从 20 世纪以来,很多学者都认为除了语言知识,语言课程应该更积极地培育学生的文化能力与批判意识,引领学生对语言表层意义进行透视,批判性地分析语言的深层意义,从而获得语言知识与技能等"语言结果"与文化自觉、文化自信等"非语言结果"。

(一)课程目标:传播中国文化思想

培育文化自信,英语文化教学首先要做的就是完善教学目标。纵观英语文化教学的历史,其课程目标并不是一成不变的,而是与国家战略有着密切的关系。

改革开放前 30 年,中国逐渐走向世界,将外语作为工具具备充分的"合法性"。改革开放后 30 年,特别是进入新世纪以来,随着中国逐渐走向国际型,"文化强国"战略与"中国文化走出去"战略成为重要的战略。基于新的需求,《大学英语教学指南》明确提出:要增强国家的语言实力,传播中华文化,促进中国与其他国家的广泛交往,从而提升国家的文化软实力。当然,这并不是对目的语文化、目的语国家文明的弱化或剥夺,而是对母语文化、本土文明的补充与强化,是从克服"中国化"转向弘扬"中国化",从而帮助学生既能学习他国经验,又能传播中国文化,实现教学性目标与教育性目标的融合,将"全人"教育真正地落到实处。

(二)课程内容:鼓励中国英语

英语作为一门国际性通用语言,是全球化进程的伴生物,并且短时间是不会发生变化的。在当代,英语运用语境的一个新常态在于:由传统的英语单语言模式转向多语言与多文化并存模式。基于这一背景,用英语传播中国文化成为"中国文化走出去"的一大关键途径。具体来说,就是用规范的英语对中国特色的东西进行表征。

著名学者葛传槼先生将这一现象称为"中国英语"。"中国英语"与"中式"英语不同,"中国英语"是由有益于中华文化传播的中国特点组成的英语变体。简单来说,"中国英语"是中西方文化交流的产物,并且源于文化空缺现象。同时,"中国英语"对中国文化的"有形之物"与"无形之物"都是非常观照的,如建筑等属于"有形之物",是一种文化认知,价值观、人生观等属于"无形之物",是一种文化认同。

(三)课程要求:体现文化品格

英语课程属于一个系统工程,其不仅包含教学内容、教学目标、教学要求,还包含对英语课程性质的理解与把握。传统的英语课程仅仅从英语学科出发来教授知识与技能,显然这样的教学目标是不够全面的,忽视了对学生综合素质的培养。对英语课程的文化品格进行研究可以将英语课程追溯到语言与文化这一本质问题上进行剖析,从而将英语课程放在一个更为广阔的领域进行研究,也是对以往英语课程局限性的突破,可以直接深入英语课程的根本问题。

同时,随着英语课程与教学改革的深化,很多教师迫切要求一种新的理论来指导教学实践。而对英语课程进行文化语言学层面的研究,是更新教学观念、变更教学方法、建构教学新秩序的重要手段,有助于帮助教师走出应试教育的困境,具有实用性价

第三章 文化自信视域下大学英语文化教学的改革

值。也就是说,在英语课程与教学改革中把握英语教育文化的本质,才能在实践中调动学生的主观能动性,真正地实现教育目的,这就是对英语课程的文化品格进行分析的魅力所在。

1. 什么是文化品格

关于"品格"这一词汇,《辞海》中有如下四层含义。

第一,指代物品的质量规格。

第二,指代文学艺术作品的格调、质量。

第三,指代一个人的性格、品格。

第四,指代一个人为官的品格。

对于这四点,最后一点可以忽略不谈,前三种可以将其泛指为品行、性格、质量。

在英语中,与"品格"对应的单词是 character,其中《牛津高阶词典》对这一词的解释为:品格、品质以及特点、特征等。

显然,"品格"一词用于人们对特定对象展开评价,多用于指代人的品性以及对事物特点的分析,是一种评价的标准。"品格"包含了品性、品质、品味等含义,由于研究目的的差异,不同领域对其的研究侧重点也不同。但是,我们这里认为品格包含了风格,对于"风格",其含义是相对明确的,即特定的类型,风格是作品在整体上呈现的独特风貌,是人的内在特征在作品上的一种反映。可以这样说,风格是通过艺术品展现出来的相对稳定、较为内在的能够将时代、民族、艺术家等的精神气质、审美理想反映出来的外在印记。风格的形成是民族、时代、艺术家的艺术走向成熟的标志。

对于上述对品格的分析我们可以这样认为,文化品格即指人或者事物在思维方式、价值观念等层面表现出来的气质、精神、特点与风格,其不仅是对人或者事物文化属性的规定,也是其价值取向的一个重要表现。

在中国知网对"文化品格"进行搜索,其主要涉及两大研究范畴:一是对某个人或者群体所具备的个性特征展开分析,二是对某类事物或者活动本身在文化层面表现出的属性与特征进行研究。但是综合分析来看,文化品格重在描述事物或者活动主体所展现出来的文化特征与气质,并且这些文化特征与气质是事物以及活动主体的重要体现。因此,本书采用"文化品格"来对英语课程展开描述。

2. 英语课程中文化品格的释义

无论是什么学科,一旦进入了学校教育领域,以一种课程的形式表现出来,其就不可避免地具备"文化品格",这是由课程的本质属性决定的。就这一意义而言,所有课程都与文化有着密切的关系。但是,由于课程不同,这种文化的存在样态也是会存在差异的。对于英语这门课程来说,学生学习英语不仅仅是为了学习英语知识,更是要理解其隐形的符号系统。对于母语学习者来说,母语课程会浸润在日常生活中,是一种自觉的行为,但是对于外语学习者来说,由于一些场合与场景的缺乏,导致其势必会是一种探寻的结果。因此,笔者认为英语课程的文化品格指的是英语课程作为一门语言教与学的课程,其自身所特有的文化气质、文化性格与文化品行。当然,这主要由英语课程的性质与任务决定。

(1) 从课程性质理解英语课程的文化品格

具体来说,英语课程的性质主要可以归纳为如下几点。

首先,英语课程的基础性。21世纪是一个世界各国相互融合的时代,地球已经成为一个村落,在这一村落中,英语是流行的语言,要想在这一村落中生存,英语是必须具备的手段。随着信息技术的发展,计算机网络使人们获取知识的方式发生了改变,21世纪的人才要求具备在网络上获取信息的能力,而英语成了国际网络上的交流工具。显然,掌握英语是新时代对人才的一大要求。我们处于一个多元文化的社会,在这个社会中的人需要学会与不同文化背景下的人们展开交流、和谐共处。英语课程为学生打开了一扇了解他国文化的窗户,通过这一途径,学生可以接触不同的文化,了解不同文化背景下人们的生活方式,为进一步增

第三章 文化自信视域下大学英语文化教学的改革

进彼此之间的交流与合作奠定基础。显然,英语课程是学生开阔视野、培养智力、锻炼品质的一项重要课程。

其次,英语课程的交际性。实际上,不光是英语这门课程,其他课程也都具有交际性。但是由于受传统教育观念的影响,我国的英语课程过分注重词汇知识与语法知识的讲授,这种观念虽然有助于学生获取英语语言本体知识,但是随着对语言本质认识的深入,人们也认识到应该改变这种传统的课程观念,英语课程对于我国的学生来说是一门缺少真实环境运用的学习,基于这样的情况,一味地教授语言知识是远远不够的,这会让学生降低学习的兴趣,因此需要强化交际性,为学生创设各种交际环境,提升他们的交际能力。

最后,英语课程的人文性。英语作为一种语言,不仅是一种交际的工具,还是一种文化的彰显。学习语言更是为了学习语言背后的文化。因此,除了要注重英语课程的工具性,还需要注重其人文性,不可片面地强调其中的一方面,这样就会使英语课程发展不平衡。实际上,在英语学习的过程中,学生获取的不仅是语言知识,还有价值观念与思维方式的改变。通过英语学习,学生可以从不同角度对世界、对自我有客观的认识。因此,英语课程具有明显的人文性。人文性的凸显是英语课程在实践中需要关注的重要层面。在教学中,将文化教学与语言知识教学相结合,用文化对语言教学实践进行引领,是英语课程的题中之意。

(2)从课程任务理解英语课程的文化品格

英语课程的性质决定了英语课程的主要任务在于培养学生的综合运用能力。美国著名的语言学家巴赫曼(Bachiman)对语言能力的理论框架进行概括,具体如图 3-1 所示。[①]

---

① 陈宏. 第二语言能力结构研究回顾[J]. 世界汉语教学,1996(2):46-52.

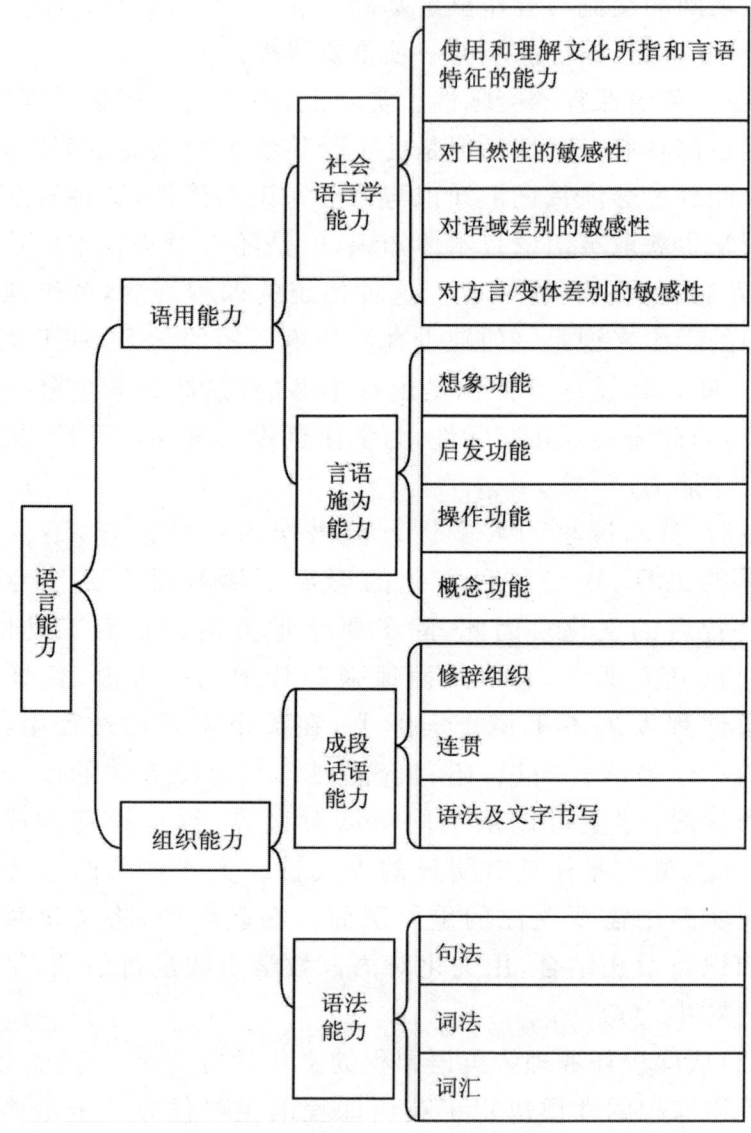

图 3-1　巴赫曼语言能力结构图

(资料来源:陈宏,1996)

在图 3-1 中,人类通过语言展开交流的过程是将所需要运用的一组知识,根据各自的地位与性质、作用与关系等进行组合排列,进而形成语言能力结构的各个要素。显然,巴赫曼研究的语言能力是那些能够在特定交际环境中可以被接受的言语功能,是那些常规的语言功能,并将这些言语按照话语需要以及一定的社会文化习俗要求,构成得体的言语能力。显然,语言能力包含语言的功能、意义等要素以及这些要素之间的关系。当然,巴赫曼的这一研究也说明了语言能力并不是各个成分之间的简单组合,而是一些相互关联要素构成的有机整体,这对于英语课程的设置有着重要的意义。

长期以来,我国的英语教学大纲将学生对知识与技能的掌握作为课程目标与任务,这无形中就造成了英语课程过分重视知识与技能教学的倾向,从而忽视培养学生的语言运用能力。因此,语言知识不能直接与语言能力等同,而是要平衡语言知识与其他能力的关系。新的教学大纲除了要教授学生语言知识外,还需要教授给他们情感、态度与价值观,还需要让他们了解中西方文化的差异,拓宽视野,从而帮助学生形成健康的人生观。

3. 英语课程文化品格的理论基础

英语课程文化品格的形成有着强大的理论基础,其主要表现在几个层面。首先,英语课程是一门语言课程,因此其受到语言学的影响。其次,英语课程作为一门学科,其会受到课程相关理论的影响。最后,英语课程是一门语言教学活动,其会受到社会文化理论的影响。语言学对英语课程文化品格的影响主要体现在语言的特征与语言及文化的关系上,这在前面有详细的探讨,下面就不再多加赘述,下面仅从后面两个层面加以分析。

(1)英语课程文化品格的课程论基础

英语课程作为一门课程,其必定具备课程的一些特征,而课程与文化的关系决定着英语课程明显的文化品格。

其一,课程的本质。关于"课程",很多学者提出了不同的观点,至今未达成共识。1973年,著名学者鲁尔(Rule)对"课程"的概念进行总结,发现多达119种。[1] 之后,随着研究的不断深入,

---

[1] 章兼中.英语课程与教学论[M].福州:福建教育出版社,2016:1.

"课程"的概念更为广泛，也出现了很多新的定义。本书对这些定义进行总结，大致可以划分为如下几种。

课程即科目。目前，关于课程的一个普遍认识就是将课程等同于教学科目或者教学学科。这一观点有着悠久的历史渊源，如中国古代有"六艺"，即礼、乐、射、御、书、数；欧洲中世纪有"七艺"，即修辞学、文法、算术、辩证法、几何、音乐理论、天文学。在西方，随着科技的不断发展，自然科学逐渐融入学校课程中，现代语文也被逐渐重视起来，之后西方教育界在"七艺"的基础上提出构建现代学校课程体系。课程即科目这一观念认为，学校教育应该向学生系统全面地传播学科知识，即教师应该对学科知识进行精心的选择，并将这些知识进行系统讲授；学生要将教师教授的内容完全掌握。显然，这一观念有助于学生系统地掌握知识，形成自身的学科知识体系，但是它又对知识本身的重要性与系统性过分侧重，忽视了学生个性、身心的发展，不利于学生培养良好的学习兴趣。

课程即目标或结果。课程即目标这一观点认为，课程应该关注的是教学所要达到的目标或结果。这一观念将教学的重点从手段转向目标。持这一观念的学者对于教育的计划性非常看重，认为课程目标是教学活动的中心，并且认为教师在开展课程之前，应该制订一套有序列、有结构的目标，然后围绕这一目标展开教学，最后对结果进行评价。课程即目标这一概念具有较强的操作性，对课程理论与实践的发展产生了重要影响，但是它对教育的预先计划性过分侧重，未照顾到环境的改变，也容易忽视那些非预期结果。

课程即计划。课程即计划是将课程看作教学计划，该计划中包含教学内容、教学目标、教学活动、教学评价等。这一观点在20世纪中期比较流行。很多学者认为，课程指的是某一学科有计划、有目的的教学进程，这一进程既有质的要求，又有量的要求。课程即计划这一观点对课程的计划性、目的性是非常侧重的，但它在具体的实践过程中，不同的人可能对课程的计划性、目的性

第三章 文化自信视域下大学英语文化教学的改革

的理解存在差异。例如,如果"计划"指的是计划好的书面文本,如教学大纲、教科书、教案等,那么课程的研究重点不应该放在学生实际的体验上,而应该放在可观察的教学活动上,即注意教学活动本身而不是教学活动对学生学习与个性的影响,显然这是一个本末倒置的现象。如果"计划"中包含那些非书面文本,那么课程的定义就更泛化了。

课程即经验。课程即经验这一观点认为,课程是学生在教师的指导下获得的全部经验以及学生自我获得的经验。这一观点是基于学者杜威(Dewey)的教育思想产生的,杜威强调教育应该尊重儿童的需求与兴趣,发展儿童的个性,主张将儿童的生活经验作为课程来教授。受杜威的影响,很多学者支持这一观点,并且认为经验是学生在学习活动中思考而成的,是学生能够真正体会到的意义。课程即经验这一定义与前面的几种观点相比,更强调学生的直接经验,重视学生的兴趣、爱好,考虑学生个体的需求,并且重视学生与环境之间的互动性。但是,对于学生兴趣、爱好的过分侧重,不可避免地会忽视知识的条理性与系统性,也就是说这一定义忽视了系统知识在学生发展中的作用。

从前面的几个定义中可知,对课程概念的理解与时代背景、实践经历等有着密切的关系。20世纪70年代,一股"概念重建主义课程范式"的思潮兴起,要求对课程进行重新界定。概念重建主义者认为,以往关于课程的界定都是将课程视作预期的内容、目标、计划等,强调机械化地记忆知识,未鼓励批判思维,导致学生目光比较狭隘。事实上,课程并不仅仅是预期的文本,其是不断创造的、变化的、开放的、动态的,是在具体的教学过程中,教师、学生、环境互动的过程。

受"概念重建主义课程范式"这一思潮的影响,很多学者开始研究"课程"的词源,即 curriculum 的词源 currere,因为 currere 本义是"跑的经历或过程",其可以将课程的含义表征为在具体的教学过程中,师生之间进行的鲜活的体验或经验。显然,其与名词

curriculum 相比,更强调的是"过程"。也就是说,课程的概念由过去的只注重静态的内容、目标等转向注重动态的过程。

其二,课程与文化的关系。课程作为传承文化的工具性角色的解构,让人们认识到课程与文化之间关系的重要性。从表面上说,将课程作为传承文化的工具似乎并未将二者的关系分离,但是如果深层次去分析不难发现,实际上将课程作为传承文化的工具是将二者作为独立的事物存在。在这里,课程的价值在于它传承与复制文化的功能,但是其自身的文化性被遮盖起来,课程的文化性也就丧失了。因此,应该消解人们将课程视作传承文化的工具这一论断,将课程的文化品格彰显出来,这是当前课程研究者的当务之急。

(2)英语课程文化品格的社会文化理论基础

社会文化理论这一概念是近些年在二语习得研究中用来对二语习得过程进行阐释的重要理论之一。这一理论的基础是维果斯基(Vygotsky)关于学习的思想以及语言与思维关系的思想。

长期以来,认知语言学与行为主义心理学在二语习得中有着非常重要的地位,其对于外语教学起着非常重要的作用。但是随着研究的加深,很多学者认为这两种理论在某种程度上未足够重视学生所处的社会文化环境。直到 20 世纪 90 年代,维果斯基在传统心智发展理论的基础上提出了社会文化理论,这不仅是加深了对心理学的研究,还对外语教学与二语习得有着重要的意义。

社会文化理论解释了活动在语言交际中的重要意义。社会文化学者将活动定义为心理发展能够实现的一种社会实践。这些社会实践对于语言习得来说,能够为学生提供更多的社会文化背景,而这些文化背景便于人们理解语言。

此外,社会文化理论指出仅依靠语言知识学习并不能帮助学生实现知识的内化,因为在学生的语言学习中,一些社会文化环境因素也会起到制约的作用。如果这些文化因素得不到重视,那么学生在语言学习中会缺失一些社会文化,从而对外语学习产生重大影响。社会文化理论对于社会环境因素是非常重视的,尤其是重视学生与社会环境因素之间的互动,这些都为外语教学研究提供了新的视角,是二语习得一个新的研究方向。

4. 英语课程文化品格的属性

将英语课程视作一种文化的存在,是对英语课程文化品格的还原,是对英语课程文化品格属性的确立,但是用这种移植的概念对英语课程文化品格加以阐释,似乎很难让更多的人信服。那么,这里有必要更深层次探讨英语课程文化品格的属性。

(1)英语课程文化品格的自主性

就文化意义而言,工具性取向的英语课程是一种缺乏生命活力的课程,更是一种生存根基丧失的课程。因此,其目标只能通过灌输来培养人,这样的人更倾向于是工具性的人。英语课程文化品格的自主性表明英语课程是一种独立存在的文化样态,其不仅不能将他国文化照搬过来,也不能成为其他文化的附属品,而是一种自我独立的文化形式。

对英语课程的发展历史进行回顾可知,具有独立文化样态的自主性的英语课程还未出现。英语课程的工具性使其文化性被遮盖起来,从表面上看英语课程也有对文化进行选择与加工的过程,但是这种选择与加工仅仅是从形式上来说的,没有彰显其自主性。

英语课程文化品质的自主性价值主要体现在其对人的主体性的观照上。人的主体性并不是天生形成的,也不是进化而来的,而是需要教育来逐渐形成的。随着人的主体性的弘扬,人们越来越强调学生的主体地位,培养学生的主动性与个体性,使学生成为独立的个体,不仅是当代教育的主要宗旨,还是英语课程文化品格的题中之意。

另外,英语课程文化品质的自主性价值还体现在其所承载文化的创新性与批判性上。具体来说,英语课程在传承文化的过程中,应该采用批判与辩证的态度,不应该全盘否定或者全盘接受,这是英语课程所肩负的重要使命。

(2)英语课程文化品格的建构性

作为一种文化的英语课程与作为一种工具的英语课程是存在着明显区别的。英语课程的文化品格在其建构性上有突出的体现。工具性取向的英语课程是从静态意义上对英语课程展开的探讨。但是,对事物的辩证性思维告诉人们对英语课程的研究不应该仅限于静态层面,还应该从动态的视角来加以研究,实现动静的结合,这样才能对英语课程进行重塑。

英语课程文化品格赋予了课程动态建构的特征,其将英语视作一个动态的过程,其中包含着各种变化与运动,而不是将其作为一种客观的知识体系对学生展开强行的灌输。

英语课程文化品格的建构性对于英语课程而言,意义是非常巨大的。具体来说可以从如下几点理解。

首先,消解了自身的工具性与预设性,对生成性目标予以强调,这有助于调动学生学习的兴趣和积极性。

其次,将学生视作一种不确定性的存在,非常注重学生的个人经验,并赋予课程动态层面的意义,从而不断扩大英语课程的内涵。

再次,倡导以学生为中心,突出学生的主体地位和作用,这能够更好地发挥课程主体的主动性与积极性。

最后,使得英语课程摆脱了僵化的特征,使英语课程实施主体不断拓展充满活力的体验过程。

(3)英语课程文化品格的实践性

实践性是英语课程文化品格的一大重要属性,其不仅承担了载体的作用,还是英语课程与其他课程相区别的重要依据。英语课程文化品格的实践性具有较强的自为性表征,如果说一般的社会实践是对改造客观世界的研究,那么英语课程文化品格的实践性主要是对实施主体主观世界的研究。

第三节　文化自信视域下开展大学英语文化教学的原则与策略

在文化自信视域下,实施文化教学非常重要。英语跨文化交际教学可以使学生在语言学习中理解与接受异域文化,从而为顺利开展跨文化交际做准备。对于我国英语教学的对象而言,在英语学习的过程中,不可避免地会有文化的学习。这一过程有助于帮助学生开阔眼界,建立文化身份,形成自身的批判性思维。当然,在英语跨文化交际教学中,还需要遵循一定的原则与策略。

一、文化自信视域下开展大学英语文化教学的原则

(一)主体意识强化原则

基于全球化的浪潮,西方国家凭借自身的话语权,采用经济、文化等手段推行其生活方式或意识形态,对包括中国在内的其他文化产生了冲击,导致文化输入、输出出现了严重的失衡情况,也对其他民族的文化造成了严重的腐蚀。

对此,在实施文化教学中,教师必须引导学生对跨文化交际过程中的平等主体意识加以强化,减少学生对西方文化的盲从,增强学生对中国优秀传统文化的认知与了解,主动对中国传统的文化进行整理与挖掘,吸取文化中的精髓,将中国传统的优秀文化底蕴凸显出来,强调中国优秀传统文化在当今世界的价值。

在文化教学中,教师要引导学生遵循"和而不同"的原则,既要对其他文化有清晰了解,又要保持自身文化的特点,能够让学生向世界展现中国优秀文化的精髓。

在文化教学中,教师要不断培养学生自信的气度与广阔的胸怀,让学生学会在平等竞争中,以多种形式将中国的传统优秀文

化传播出去，不仅对西方文化霸权主义的侵蚀加以抵制，还能确保中国文化在世界文化中的地位和格局，从而促进世界文化的多元发展。

（二）内容系统化原则

文化的内容非常丰富，其所包含的因素至今还没有一个定论，因此在实施文化教学时，教师不能一股脑地将所有文化内容纳入自己所讲授的内容中。因此，我国的教育主管部门应该组织文化领域的专家、学者，从价值性、客观性、多元性等多个层面出发，对中国优秀传统文化的教学内容体系进行确立，如应包含中国的基本国情文化、社会主义核心价值观、民族文化、节日文化、生活文化等。

（三）策略有效性原则

在实施文化教学时，教师应该采取有效的策略。具体来说，可以从如下两项入手。

第一，教师要用宽容、平等的心态对中西方文化进行对比，通过对比来鉴别。这一策略就是将中国文化与其他文化进行比照，从而将中国文化与其他文化的异同揭示出来，避免将那些仅属于某一特定社会的习俗与价值当作人类普遍的行为规范与信仰。

在运用这一策略教学时，教师应该从跨文化交际中存在的现实问题着眼，以共时对比作为重点，不会考虑褒贬，克服那些片面的文化定型，避免用表面形式对丰富的文化内涵进行取代。也就是说，教师应该引导学生透过现象看本质，通过理性、客观的态度，对不同文化的异同加以分析。

第二，教师要为学生提供充足的空间与机会，让学生感受到中国传统文化的魅力。通过体验，可以将课堂环境与社会环境结合起来，加强文化与社会、学生与社会等之间的关联性，使学生在英语教学情境下不断体验与感悟，从而帮助学生形成文化理解力、文化认知力。

第三章　文化自信视域下大学英语文化教学的改革

二、文化自信视域下开展大学英语文化教学的策略

有理念,就有方法论。方法形成之后,也不是恒定的,会随着理念的变化而变化。既然英语文化教学的理念在广泛传播,那么它的实施方法就需要被探讨。当然,在传统的文化教学中,已经形成了一定的策略,但是在文化自信视域下,还有一些新的策略可供教师使用。

(一)运用传统的文化教学策略

1. 文化引入策略

(1)说明策略

在中国,学生一直浸润在母语环境中,周围的英语环境极其缺乏,甚至是空白的,因此学生对很多文化背景知识可能是不太了解的。当学习材料中的文化背景知识影响到学生对学习材料的理解时,教师可以对有影响的文化背景知识做一些说明介绍。教师的说明介绍最好安排在讲解学习材料之前的一段时间进行,以便为学生理解学习材料做铺垫。要将说明介绍的工作做好,教师需要提前在课外时间做好准备工作,搜集一些与教学内容相关的典型文化知识,并通过自己的消化理解将其恰当地应用到课堂之中。通常情况下,教学材料中的作者、内容和事件发生的时代可能都蕴含着一定的文化内涵,学生必须广泛学习这些背景知识,否则就难以准确理解所学材料。例如,当学生读到《21世纪大学英语》第一册第十单元 *Cloning:Good Science of Bad Idea* 中的"Faster than you can say Frankenstein, these accomplishments, triggered a worldwide debate(不等你说出弗兰克斯坦,这些成果就已经引发了世界范围的大辩论)"这句话时,可能不明白如何解释 Frankenstein,因此也不明白整句话的意义。在这种情况下,教师需要介绍以下三点与理解该材料有关的背景知识。

第一,英国女作家 Mary W. Shelley 写了一部科幻小说,并以自己的名字为这部科幻小说命名,而这部小说描写了一位发明怪物并被它消灭的年轻医学研究者,名字叫作"Frankenstein"。

第二,在英语中有个成语为"before you can say Jack Robinson(开口讲话之前)","Faster than you can say Frankenstein"就是根据这个成语创造出来的。

第三,文章中的人物是在一定的社会背景下出现的,当时克隆技术大肆蔓延,作者极度担心克隆技术会对人类社会造成重创,这一担心又得到了世界上已经掀起的大辩论的证明,因此读者就将克隆技术与小说情节联系起来。

(2)比较分析策略

有比较,就有结果。只有在比较中,事物的特性才会表现得更加明显。经过了不同的历史轨迹,中国和西方国家在长时间的历史积淀中形成了不同的文化。因此,在英语文化教学中,教师可以通过母语文化和英语文化的明显比较,来让学生更加深刻地认识母语文化和英语文化。在跨文化交际中,学生也因此可提高文化敏感性,会更加重视文化对交际的影响,从而减少甚至避免文化差异引起的交际冲突。打个简单的比方,问别人的行程和年龄在中国是很正常的,但是在西方人眼里是对隐私的侵犯。

在外研社版的《大学英语》第三册第四课 Darken Your Graying Hair, and Hide Your Fright 中,主人公这么介绍了自己:"I have a wife, three daughters, a mortgaged home and a 1972 'Beetles' for which I paid cash."中国学生乍一看,主人公开着德国大众"甲壳虫"汽车,这在中国国情下不是很多人能够担负起的,因此就会认为这位主人公过得比较富裕。但是,读者要站在西方背景的角度去审视这个问题,西方国家的汽车就如同中国的自行车一样普遍,"甲壳虫"汽车空间小又省油,是中、低收入家庭的首选车型。了解了这一点后,中国学生才发现自己的认识偏差,原来主人公的介绍是表示家庭成员较多,生活比较紧张。另外,在消费观念上,中国人比较保守,一般不会提前预支,并且还要对未来的生活支出做好准备,但是英美人倾向于提前消费的方式,如分期付款、抵押贷款等,这就是文化差异在消费观念上的体现。

(3)文化讨论策略

文化讨论是教师进行英语文化教学的重要策略,首先这一策略充分尊重了学生的主体地位,其次学生在讨论过程中可以学习关于文化的各种知识,最后讨论策略有助于提高学生对文化学习的积极性和主动性。因此,教师在英语文化教学中,可以灵活采用文化讨论法进行教学。具体来说,教师以班级为单位,组织学生就某个专题开展面对面的讨论,并在讨论过程中解决实际问题或解答特定课题。教师可以提前布置一定的任务,让学生进行有针对性的讨论。

2. 外教辅助策略

客观条件优越的学校可以适当地聘请一些外籍教师授课。外教的到来对英语文化教学具有以下几个作用。

(1)外教对学生的影响

外教不仅可以提升学生的英语学习兴趣,还能真正促进学生跨文化交际能力的提高。外教作为异域文化中的成员,比较能够引起一批学生的好奇心,这些学生在与外教接触和交流的过程中增强了对英语口语表达的信心,还能收获课堂上学不到的社会文化背景知识,能真正提高英语文化敏感度和英语交际能力。另外,学校可以定期利用外教组织英语角,这样就为学生创造了纯正地道的英语环境和文化环境,有利于英语听力和口语能力的提高,从而使得跨文化交际能力也有一定的进步。

(2)外教对教师的影响

在中国的大环境下,很多中国英语教师虽然出身于英语专业,集各种英语等级考试证书于一身,但是由于英语口语的练习机会很少,英语口语表达能力依然比较欠缺。而外教来到学校以后,这些中国英语教师因为教学工作的关系,就获得了许多与外教直接交流的机会,外教可以帮助他们纠正语音上的错误,就使得中国教师锻炼了英语口语表达能力。另外,外教是在另外一种不同的文化氛围中成长和学习的,其教学模式可能更加有趣、生动,中国的英语教师就可以汲取他们的教学模式中的优势,也有利于提高教学水平。

当中国教师的跨文化交际能力和英语教学水平提升以后,直接的受益者就是学生。中国教师的跨文化交际能力提升了,就能在和学生的交际中更有效地提升学生的跨文化交际能力。中国教师的英语教学水平提升了,在实施英语文化教学中就能取得更好的效果。

如果外教的学校教学工作让他们获得了良好的感受,外教往往会把国外的教育行业的朋友或者机构等介绍给学校,这样学校就可以通过夏令营、冬令营的形式和国外的教育行业进行互访、学习和交流,从而提高学生的跨文化交际能力。

3. 师生互动策略

教师要努力尝试通过和学生的互动来实施英语文化教学。教学的本质决定了教学不应该是单向行为,而是双向行为。因此,英语文化教学应该真正回归到教学的本质上来。互动法的完美落实,需要教师做好一些功课。首先,教师要培养学生正确的文化心态,使学生平等看待一切文化。其次,教师要营造平等、自由和开放的互动氛围,鼓励倾听和表达,使得学生尽情发挥,畅所欲言。在互动过程中,教师和学生可以扮演不同文化中的角色,使学生理解外来文化。

4. 附加形式策略

以附加形式实施英语文化教学,就相当于一碟开胃菜,形式可以多样化。例如,在教材中设立文化专栏,在课外组织参观文化展览,举办英语文化主题讲座,或组织文化表演等。教师也可以将优秀的但是传播度不高的英语书籍介绍给学生,并以书中的文化知识为主题开展讨论、戏剧表演、知识竞赛等活动。这些活动都需要在教师的指导和监督下进行,以便真正实现英语文化教学的目的。以戏剧表演为例进行说明,微型剧包括 3~5 幕,每一幕包含一两个文化事件,学生在参与戏剧的过程中,可能会导致一些文化误读的现象,通过反思、调查之后,就能找出文化误读的根本原因,从而学习文化知识。

(二)搭建优秀的传统文化交流平台

教师可以组织学生开展"我们的节日"等活动,对中国的传统节日文化进行丰富,使这些传统文化更富有生机。同时,加大宣传力度,如可以组织学生对学校的历史进行定期的学习,在学习校史的情况下,发挥传统文化的作用与意义。

教师可以运用多种文化资源,如图书馆、博物馆、遗址等,培养学生的民族认同感,并结合学校的多重优势,举办讲座,提升学生对中国文化的理解与认知,增强他们的爱国情操。

教师可以组织富有中国文化内涵的社团活动,通过这些活动,使学生的校园生活更加丰富多彩,也能够让学生在不知不觉间感受传统文化的魅力。

(三)充分发挥新老媒体的传播作用

在新时代条件下,教师要引导学生运用网络,综合书籍、期刊、网站、电台等多种媒体,对宣传形式加以创新,使中国传统文化的传播与弘扬与时代发展的特点相符合,使中国优秀的传统文化更具有生命力。具体来说,可以采用如下几种方式。

(1)创设有内涵的中国传统文化网站。

(2)在校园网中创设传统文化项目,或者可以运用微信平台,将文化融入生活之中。

(3)充分运用学校资源,将学校的人文传统发挥出来,开设名家讲堂。

(四)提升教师传播中国优秀传统文化的能力

由于当前很多教师的知识结构相对单一,对中国传统优秀文化掌握的并不充足，因此应该努力提升教师的能力。具体来说，主要可以从如下三点着手。

第一，教师应该努力学习中国优秀的传统文化。高校也应该鼓励教师不断对知识结构加以完善，对中国文化的发展情况、历史渊源等有所了解，对中国优秀的传统文化形成全面的认识，尤其是对核心价值观的理解和把握。

第二，教师应该不断提升敏感性。高校应该为教师提供出国培训的机会，让英语教师真正地置于文化交际语境中学习。

第三，教师应该不断提升自身的综合能力，真正地做到以身立教，投入到教学之中，培养自身的人格魅力，对自身的品质进行培养，这样才能与学生展开有效的互动与沟通。教师还需要具备广泛的心理学知识，对现代教育技术予以掌握，对不同的内容采用与之相适应的教学手段，真正地实现因材施教。

第四章 文化自信视域下学生跨文化交际能力的培养

因为对文化教学意义的认识不够全面、深入,对文化学习过程和内容了解得太少,所以如今英语教学中的文化教学有很大的局限性,仅停留在具体文化信息的传授上,忽视了学生文化能力的培养,这一方面阻碍了跨文化交际能力的培养,另一方面延缓了英语学习的进程。基于此,在文化自信视域下,必须将英语教学的文化功能充分发挥出来,必须像习得语言那样习得文化,并对文化学习的本质与过程展开分析,了解我国外语界对文化学习的态度以及影响学生英语学习的主要因素,并在此基础上培养学生的跨文化意识与跨文化交际能力,这样才能真正地培养出适合国家需要的应用型人才。

第一节 英语学习中学生的角色

学生的主体性是指在英语教学活动中,所有的教学设计和教学行为都是围绕学生进行的,其处于英语教学的核心位置。学生在教学活动中的主体性与其主观能动性有着密切的关系,人的主体性是其个性发展的核心。一般而言,主体性越明显,学生对自己是为何而学习的理解程度就越深,这对于其更好地知道该如何去做,如何做得更好是有积极意义的。

一、英语学习的主体

在英语教学过程中,教师和学生都是参与者,两者都是重要的主体,但是两者的主体所处的环境是不同的,教师是英语教学中起主导作用的主体,其主要职责在于"教",而学生则主要为了"学",因此,在英语学习中,学生是主体。

二、英语教师的合作者

在英语教学中,教师和学生是直接参与的两个主体,同时,英语教学中有些项目动作是需要英语教师和学生共同来完成的,因此只靠教师的教是无法达到教学目的的,需要学生的配合,才能使教学活动顺利进行并保证教学效果。

三、文化的继承者和创造者

学生在英语学习过程中的一个重要学习任务就是不断汲取英语的相关知识,如英语文化知识,这样才能对英语的理解和感悟不断更新升华,形成创新性的英语文化。与此同时,学生在英语文化方面也要具有一定的创造力,通过不断地创造,使所学的英语文化得到较好的传承和发展。

四、课堂系统的主体者

课堂系统的构建是彼此相互促进、相互依存的结果。学校里面的课堂系统一方面是要实现学生能力与知识的发展,促进学生在学校这一环境中能够自由全面健康的发展;另一方面,学校的课堂系统也是要实现教师的专业化发展。当然,促进学生的发展是主要方面。因此,学生应该被视作课堂系统的主体,应该以学生的可持续发展作为中心,通过促进学生的健康成长来实现整个课堂系统的和谐发展。

五、自我学习的开拓者

当前,教师占据主导地位、学生占据主体地位已经被大多数人认可。教师从成人的立场出发,通过较为成熟的世界观与人生观,对每一位学生的行为加以关注与了解,分析他们的具体需求。但是,对于学生而言,没有比自己对自己更了解的了,因此学生需要不断挖掘自身的需要,明确自己的发展方向。因此,在高校英语混合式教学过程中,学生应该成为自己学习的开拓者,选择自己的学习方向与目标,然后有规律、有计划地开展自己的学习,这样才能更好地掌握知识。

第二节 我国外语界对文化学习的态度

随着对文化学习研究的深入,我国外语界也提出了一些重要的观点。总体来说,主要形成了两种态度:一种是强式的文化学习观,一种是弱式的文化学习观。本节对这两种文化学习观展开研究。

一、强式的文化学习观

一般来说,强式的文化学习观存在两个极端。
(1)认为母语文化是至高无上的。
(2)认为目的语文化是至高无上的。
第一种观点认为,学生应该尽最大努力去学习外语,这样才能更好地与他人进行交流与沟通,获得信息,促进经济发展。但是,语言学习中的价值观念、文化准则等,为学生增添了很多烦恼。因为这些价值观念、文化准则等对学生的本民族文化意识有着强烈的影响。中国文化的独特性让中国人逐渐形成了属于自己的文化身份,并与其他民族有所区别。学生如果认为母语文化是至高无上的,那么他们会认为英语是一种语言符号,而符号所蕴含的异国文化将会受到限制或被本国文化所取代。此学习观通常体现在传统的文化学习中。

与母语文化至上观相反,目的语文化至上观强调,要学习某种语言就应该先学习其文化,也就是说,语言学习处于次要地位,文化学习处于主要地位。外语教学大纲、教材的设计应该考虑文化内容这一主线。这一观点形成了文化教学大纲的基础。

著名学者舒曼(Schumann,1978)指出,外语学习是文化移入的一个重要层面,学生与目的语的接触程度会对他们学习的效果产生直接的影响。但是,在中国,英语学习的过程实际上是两种不同的文化进行碰撞与融合的过程,是学生在意境形成的文化图式中引入、吸收英语语言文化,从而使学生具备双语言文化能力。一般以英语为母语的教师对这一观点都十分认可。在他们看来,如果学生未深入了解目的语使用者的价值观与生活方式,那么就不可能真正地习得目的语。这样看来,从一定程度上而言,外语教学就成了一个通过注入新的价值观与文化准则而旨在改变学生行为的过程。虽然这一文化学习观受到热议,但是未上升到理论层面,因此也未在外语教学实践中运用。

二、弱式的文化学习观

持有弱式的文化学习观的学者们认为,语言不仅是一套符号系统,而且是文化的载体,所以在学习外语的过程中也应了解一定的外国文化,但在学习外国文化的过程中不可忽视本民族文化。实际上,学生的外语学习是(在学习外语时)以第一语言作为参照物的。因此,教师可以为学生指出两种语言的相似和不同之处,帮助其形成一个新的二语系统。

刘润清教授认为,完全脱离母语去学习外语,这是不可能的,因为任何语言之间都存在一定的普遍现象,如果有这样的可以参考的母语资源的机会却不参考,那么就是一个很大的损失。

束定芳和庄智象(1996)提出,如果外语学生的母语交际能力较强,那么其学习外语且进行交际的能力也会相对容易很多。同理,学生的母语语言与所学语言的结构如果很接近,两种文化背景也极为相似,那么其就有很大的几率出现交际能力的正迁移。

因此,母语文化的学习是学生学习目的语的基本框架,是他们了解与掌握目的语文化的一面镜子,二者互惠互利。因此,学生必须要清楚在学习语言的过程中,学习文化的重要性。但是,学习外语文化并不是要求学生完全像外语本族语者那样说话、做事。换句话说,学习外语的目的并不是让学生成为一名外国人,而是让学生形成用外语为本国交流服务的能力。

根据大量的实践,对于外语学生而言,要想让外国人认可,就应该保持自身的独特个性。因此,外语学生要时刻谨记对本民族文化的尊重与保护,从而得到他人的尊重。由于弱式的文化学习观与我国外语教学的目标相符,因此在我国广泛传播,成为外语教学的主导观念。

第三节 影响学生英语文化学习的主要因素

现如今,英语在人们的生活与工作中起着越来越重要的作用。无论是科学研究,还是对外贸易,或者是文化活动、体育比赛等,都会运用到英语。很多在校学生也认识到英语学习的重要性,愿意在英语学习中花费很多时间与精力。但是,他们在实际的学习过程中会遇到很多问题,这些问题会对他们的热情与成效产生影响。到底是什么原因让他们的学习遭遇失败呢?本节就来分析影响学生英语学习的主要因素。

一、学习焦虑

焦虑是影响语言学习的又一重要情感因素,是指一种模糊的不安感,与失意、自我怀疑、忧虑、紧张等不良感觉有关。语言焦虑的表现多种多样,主要有:回避(装出粗心的样子、迟到、早退等)、肢体动作(玩弄文具、扭动身体等)、身体不适(如腿部抖动、声音发颤等)以及其他迹象(如回避社交、不敢正视他人等)。这些是学生在学习过程中,尤其是在课堂环境中常见的现象。

学生在语言课堂上担心自己能否被他人接受、能否跟上进度、能否完成学习任务,这种种担心便成了焦虑的来源。焦虑可以分为三类,即气质型、一次型和情景型。气质型焦虑是学生性格的一部分,也更为持久。这类学生不仅仅在语言课堂上存在焦虑,在日常生活中的很多场合都会表现出不安、紧张等情绪。一次型焦虑是一种即时性的焦虑表现,持续时间短,影响较小,它是气质型和情景型焦虑结合的产物。语言学习中更为常见的是情景型焦虑,这是由于具体的事情或场合引发的焦虑心理,如考试、课堂发言、公开演讲等。

可以说,焦虑是一种正常的心理现象,任何个体都存在一定程度的焦虑心理,外语学生自然不会例外。产生焦虑的原因也会多种多样,但是总结起来无非有以下几点:首先,学生的竞争心理与生俱来,学生一旦发现自己在与同伴的竞争中处于劣势,便容易产生焦虑不安的心理;其次,焦虑心理也与文化冲击有关。外语课堂上传授的文化知识对于母语文化本身便是一种冲击,学生也会因为担心失去自我、失去个性而产生焦虑。总体而言,焦虑会表现为用外语交流时不够流畅、不愿用外语交流、沉默、害怕考试等。

长久以来,焦虑一直被视为外语学习的一个障碍,这是一种误解,是对焦虑作用的误读。焦虑最初是运动心理学的重要研究内容,研究将运动员按照焦虑水平分为三类,即低气质型焦虑、中气质型焦虑和高气质型焦虑,然后比较三类运动员的运动成绩,结果发现中等气质型焦虑的运动员成绩最好。

可见,焦虑也是有积极的、促进的作用的。后来焦虑成为教育心理学的研究对象,发现了同样的规律。焦虑就其作用而言也可分成两大类:促进型和妨碍型。前者激发学生克服困难,挑战新的学习任务,努力克服焦虑感觉,而后者导致学生用逃避学习任务的方式来回避焦虑的根源。

第四章 文化自信视域下学生跨文化交际能力的培养

这种划分方式有一定的道理,也获得了部分实证研究的证实,但是我们应该明确焦虑并不是非此即彼的,焦虑之所以会产生不同的作用主要是因为焦虑程度的问题:过高的焦虑会耗费学生本来可以用于记忆和思考的精力,从而造成课堂表现差、学习成绩欠佳;而适当的焦虑感会促发学生集中自己的注意力,汇聚自己的精力,从而构成学习的强大动力。

二、学习动机

动机(motivation)研究最初始于教育心理学,是指学生为了满足某学习愿望所做出的努力。二语习得和外语教学界从20世纪70年代开始逐步深入研究动机对外语学习的影响,我国外语学界是从20世纪80年代才开始引入动机这一概念,但真正的实证研究则是从20世纪90年代才开始逐步展开的。

通常认为,学生的动机程度和其学业水平是高度相关的;后来,甚至有研究在这两者之间建立了因果关系模型。动机可以有不同的分类方法。一般认为,动机可以分为两类,即工具型动机和融入型动机。前者指学生的功能性目标,如通过某项考试或找工作。后者指学生有与目的语文化群体结合的愿望。

除了以上两类外,还有结果型动机(即源于成功学习的动机)、任务型动机(即学生执行不同任务时体会到的兴趣)、控他欲动机(即学习语言的愿望源自对付和控制目的语的本族语者)。对于中国学生而言,证书动机是中国学生的主要动机。

学生的学习动机是可塑的;激发学生内在动机是搞好外语教学的重要环节;个人学习动机是社会文化因素的结果。这个发现对于中国各个层次的英语学生都是如此,也可以解释国内近些年来的英语"考证热"。值得一提的是,无论是工具型动机,还是融入型动机,都会对外语学习产生重要的影响,所以动机类型并不那么重要,重要的是学生的动机水平。

此外,也有学者将动机分为内在动机和外在动机。内在动机

(intrinsic motivation)是指学生发自内心对语言学习的热爱,为了学习外语而学习外语;而外在动机(extrinsic motivation)则是由于受到外在事物的影响,学生受到诸如奖励、升学、就业等因素的驱动而付出努力。这一分类与前一分类有相似之处,但是不可以将两者等同,它们是从不同方面考察动机这一抽象概念的。

在对待动机这一问题时应该注意:动机种类多样,构成一个连续体,单一的分类显得过于简化;另外,动机呈现出显著的动态特征,学生的动机类型可能随着环境与语言水平的变化而发生变化。比如,一个学生最初表现出强烈的工具型动机,认为学好英语是考上大学、找到好工作的前提,但是随着其英语水平的不断提升,他开始逐渐接受英语及其附带的文化,想要去国外读书甚至是移民英语国家,这时他的动机类型就变为融入型动机了。

近年来国内对于动机的研究表明,中国学生的动机类型以工具型动机为主,且动机与学习策略、观念之间的关系较为稳定。另外,学习成绩与动机水平之间呈现出高度相关。这些研究发现对外语教学具有启示作用:外语教学中应该重视学生的动机培养,培养方式可以多种多样,如开展多样的英语活动、提高课堂的趣味性、鼓励学生课外阅读等。

三、学习策略

学习策略是心理学不断发展的产物,与学习者的认知方式紧密相关。现代心理学研究的不断深入使人们认识到人脑的学习机制是可以探知的领域,与此同时也促使第二语言习得的研究逐渐由"教"转向"学",转向对学习者及其学习策略的研究。这里需要区分学习者策略和学习策略这两个概念,学习者策略是学习者在学习过程中所采用的各种策略,除了学习策略还包括元认知策略、认知策略等,也就是说二者是全集和子集的关系。国内外对学习策略的研究主要有两种:描述性研究和介入性研究。

"学而不思则罔,思而不学则殆"这一观点的提出指出了学习策略是非常重要的。法国学者卢梭也证明了这一点,甚至在卢梭看来,策略的形成比获取知识更为重要。不管是谁,在学习中都会运用到学习策略,但不同的是,有些人运用学习策略具有自觉性,有些人使用学习策略是不自觉的。例如,中国人拿筷子是非常常见的事情,看起来也没什么方法,但是如果西方人使用筷子,他们需要浪费很长的时间。这就说明,筷子的使用也是有方法的,只不过中国人是不自觉就习得的,而西方人需要花费时间来学习。

学习策略对于学习者的学习过程是非常重要的,如果是积极的学习策略,那么必然有助于学习者的学习。众所周知,预习是非常重要的,但是很多学习者由于课本中存在很多的生词,他们无形中就认为预习就等同于查询生词,很少有学习者认识到课文中存在的难点。由于学习者对难点的查找是不自觉形成的,未将这一项目作为预习的重要层面,因此导致未实现预习的效果,这样的预习也就是可有可无的。如果没有充分的预习,学习者在课堂中就很难学习到知识的深层意义,也不会集中注意力在学习之中。学习者本身没有疑点,那么在学习中也不会向教师提出疑问,那么课堂就变成了教师教授、学习者记笔记的情况。反之,如果学习者能够对学习策略进行有效的运用,提前做好预习的准备,那么就会在课堂上主动索取,并发现问题,对问题进行解决。这样学习者就会不断提升自身发现问题、解决问题的能力。

第四节　学生跨文化意识与跨文化交际能力的培养

在跨文化交际中,跨文化意识与跨文化交际能力的认知和培养是非常重要的,对这两项内容的了解,有助于更好地指导跨文化交际实践。因此,下面就对这两大层面展开分析。

一、跨文化交际简述

（一）跨文化交际的界定

"跨文化交际"一词是由著名学者霍尔（Hall）提出的，常用cross-cultural communication 或者 intercultural communication 这两个意思相近的词来表达，即指代的是一些长期旅居国外的美国人与当地人之间展开的交际。但是，随着跨文化交际的深入，其定义变得更为广泛，指的是不同文化背景下的人们之间展开的交际活动。

现如今，一般人认为跨文化交际是来自不同文化背景下的人们，通过语言、信号等形式实现信息之间的沟通，展开思想层面的交流。这一概念实际上明确界定了跨文化交际，并且从这一定义中可以归纳出如下几点。

1. 文化背景不同

在跨文化交际过程中，交际双方所处的文化背景是不同的。所谓文化背景的不同，这其实是一个比较复杂的概念，主要可以从如下两点来理解：一是不同文化圈导致的文化差异；二是在同一文化圈内，不同文化导致的文化差异。

一般来说，人们眼中的跨文化交际都是从上述所说的第一点来说的，即不同文化圈导致的文化差异，如中西方之间的文化差异就是典型的代表。

在当前的跨文化交际中，由于文化背景存在明显的差异，很多的交际失误不可避免地会出现。这种失误主要体现在中西方国家之间。换句话说，虽然中国与印度、日本等国家也存在某些文化背景的差异，但是由于都属于东方文化圈，因此差异还是比较小的；但是由于欧美国家属于西方文化圈，所以中国与之差异就会更大一些，交际的时候难度也会更大一些。

第四章 文化自信视域下学生跨文化交际能力的培养

2. 使用同一种语言

在跨文化交际过程中,交际双方往往需要使用同一种语言展开交流,这样才能让彼此听懂,如果双方使用的语言不一致,那么双方的交际将很难维持。

但需要注意的是,虽然交际双方的文化背景不同,但是仍旧需要运用一种语言展开交际,那么就说明该种语言属于交际的一方,而另一方后天习得这门语言。

例如,当中国商人与美国商人展开交际的时候,他们可以使用英语,也可以使用汉语,这样交际双方都对所使用的语言有清楚的了解,这样也避免了翻译时出现问题,双方直接进行交际即可。

3. 直接的言语交际

在跨文化交际的过程中,双方展开的是直接言语交际。在当前的外语教学中,翻译是其重心,培养出的学生主要是为了应对不同文化背景下人与人之间的交流。换句话说,不同文化背景下人们的交流需要通过翻译展开。

(二)跨文化交际的伦理原则

对他人思想与行为进行评判的关键在于沟通,当人们在评判他人的思想时,往往会赋予他们对错或者好坏,这时伦理这一问题就显现出来了。人们的判断一般受他们的价值观与信仰等影响,在进行判断时,人们会自觉地将他们的价值观或者信仰付诸对方身上,这种情况常见于跨文化交际的过程中。因此,跨文化交际应该遵循如下几点原则。

1. 尊重个体性

众所周知,文化对社会中人们的行为、思想等进行了规定,虽然存在着规定,但即便是相同文化,也仍旧存在着个别差异,更何况是不同文化,差异更大。在跨文化交际之前,交际者需要对对方的个性与特征有清楚的了解,不能仅凭借刻板印象,将对方的个性抹杀掉,这就体现了对个体的尊重。

2. 志愿参与

在跨文化交际的过程中,双方志愿参与到交际中,是不受任何胁迫而形成的交际。简单来理解,就是交际双方应该明确彼此在交际的过程中可能会出现的心理或者社交层面的冲击和矛盾。任何胁迫的行为都是与这一原则相违背的,这就要求彼此之间应该互相尊重。

3. 保护隐私

在跨文化交际的过程中,交际者不能对他人的性别、文化背景等产生歧视,应该对他人的隐私予以尊重,这样可以避免对他人造成损害,也有助于保证彼此的交际。在有些时候会遇到一些特殊情况,如当需要向对方询问敏感问题时,尽量先要征得他人的同意才可以询问。这体现了跨文化交际过程中交际双方的修养,也是跨文化交际能够顺利展开的必要条件。

4. 免于受害

在跨文化交际的过程中,交际双方应该尊重对方的伦理原则,即体现在生理以及心理层面上。也就是说,交际一方不能仅仅为了操控对方来展开交际,也不能刻意说一些侵犯他人的言论,这都很容易引起对方的反感,对对方造成损害,导致沟通不顺畅。

5. 互惠性

在跨文化交际的过程中,互惠性这一原则是非常普遍和重要的,指的是在沟通中不能将我们不希望他人做的事情而强加其中,这样对待他人是违背了伦理原则的。简单来说,交际双方需

第四章　文化自信视域下学生跨文化交际能力的培养

要做到四点：一是相互性，二是一定要诚实，三是要给予对方尊重，四是不能仅凭自己的观点做出判断。

6. 避免个人偏见

在跨文化交际过程中，由于中西方人的文化背景不同，往往他们在认知上也存在明显的差异，在交际中不可避免地会受到主观因素的制约和影响，导致主观偏见的存在。因此，交际者应该尽力避免将自己的意志强加在对方身上。

7. 诚实

在跨文化交际过程中，诚实非常重要。所谓诚实，即交际者不仅要理解和明确自身传达给对方的信息，还要对对方予以坦白。在跨文化交际过程中，如果交际时不诚实，那么这样的交际没有任何意义。当然，诚实并不是要求将事物完全按照我们的想法来对待，而是应该正确看待事物，这才能保证交际的顺利开展。

8. 尊重

在跨文化交际的过程中，交际者需要对对方予以尊重，这是对交际者最基本的保护。所谓的尊重对方，即需要学会观察对方，对对方的需求有所了解。在交际中，交际者对某一个想法，可以采用不同的表达方式，并且另一方需要尊重这种表达上的多样性，从而对对方的尊严予以维护。

9. 相互性

所谓相互性，即在跨文化交际的过程中，处于不同文化背景下的交际双方需要建构一个双方认可的互动空间，并且建构的这一互动空间不可以仅仅在某一方的文化基础上。换句话说，交际双方在跨文化交际的过程中需要建立一个共享积极的空间和环境。如果交际方仅仅视自己的文化为沟通标准，忽视对方的文化，那么必然会导致交际的障碍。

10. 不主观臆断

所谓不主观臆断,即打开心灵。在跨文化交际的过程中,交际者应该勇敢表达自己的思想,并愿意接受他人的思想和意愿。不主观臆断可以让信息得到流通,也能够让自己对异域文化得以认同与接受,并提升自己接受异域文化的素养。

(三)跨文化交际的基本模式

很多学者从跨文化交际的性质、过程、效果等出发提出了一些基本的模式。

著名学者关世杰根据拜拉姆的交流模式,系统地阐述了跨文化交际的过程,并构成自己的跨文化交际模式,如图4-1所示。关世杰将跨文化交际划分为编码、通过渠道进行传递信息、解码三个过程。一般来说,编码和解码是在不同的文化状态下展开的。

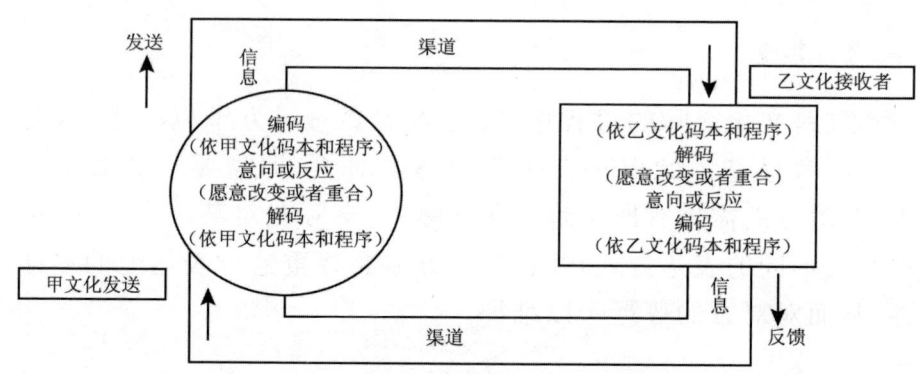

图 4-1 关世杰的跨文化交际过程模型

(资料来源:付岳梅、刘强、应世潮,2010)

从图4-1中可知,甲文化发送者将所要传达的信息依据甲文化程序和甲文化码本等来进行编码,通过信息渠道将信息传达给乙文化接收者。乙文化接收者根据乙文化程序和乙文化码本来进行解码。不同的文化既存在相同点,也存在不同点,因此解码所获得的原有的信息意义与信息意义可能存在重合的情况,当然也会发生一

第四章 文化自信视域下学生跨文化交际能力的培养

定程度的变化。乙文化接收者在这些信息的基础上,形成自身的意象或者做出某些反应,并从乙文化程序或者码本出发对这些意象或者反应加以编码,并将得出的结果反馈给甲文化发送者。

从图 4-1 中可知,跨文化交际这一过程是一个循环过程,信息发送者与接受者的角色本身也在不断更换。

显然,关世杰提出的这一模式将跨文化交际的过程、不同文化码本对跨文化交际过程产生的影响体现出来,但是这一模式是从传播学角度考量的,主要是对交际过程的关注,其对于跨文化交际的要素与结果并未提及。

多德(Carley H. Dodd)从文化学者的视角来探讨和分析跨文化交际的模式,更具体地分析了跨文化交际的过程,如图 4-2 所示。

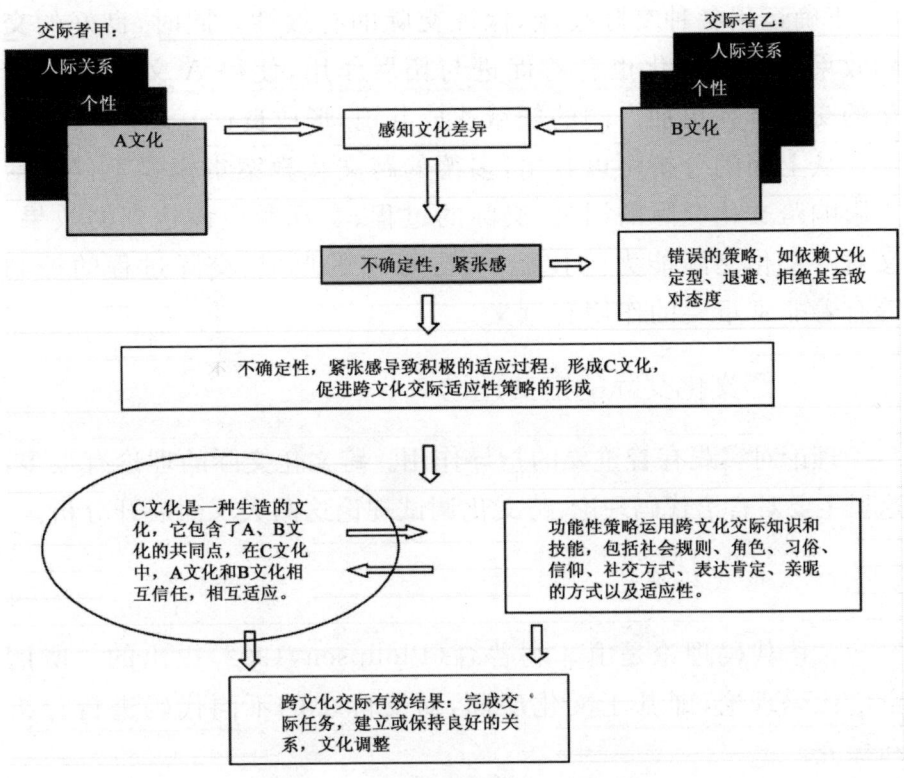

图 4-2 Dodd 的跨文化交际模型

(资料来源:付岳梅、刘强、应世潮,2010)

从多德的模式不难看出,之所以存在交际差异,不仅源于文化这一层面,其他层面如性格、人际关系等也会对"感知文化差异"产生影响。在跨文化交际过程中,除了要关注交际者的文化共性外,还需要将个别差异加以考虑。由于"感知文化差异"这一现象的存在,交际过程中会经常出现一些紧张感或者不确定因素。如果交际者对文化定式过于依赖,或者对文化定式予以回避或拒绝,或者对其他文化背景的交际者采取敌对的姿态,那么就很容易导致交际活动的失败。如果交际者选择恰当的交际策略,用包容的姿态面对不同文化背景下的交际者,就能够帮助建立一个基于交际双方共同性的第三种文化,也就是所谓的 C 文化。C 文化的出现使得交际双方从一定的基础考量,采用恰当的交际技巧,正确运用各种交际技能,保证交际的有效性。同时,良好的交际效果对于 C 文化也有着促进与拓展作用,使得 A 文化与 B 文化的交际者在更加广阔的领域达成共识,形成良性互动。

从上面的分析可以看出,多德的跨文化教案集模式不仅囊括了影响跨文化交际的因素、交际的过程、交际所应该达到的效果,又对跨文化交际能力的技能、交际策略的形成、交际过程的控制等有着非常重要的作用和意义。

(四)跨文化交际的主要理论

理论对实践有着重要的指导作用。跨文化交际的理论有很多,这里主要对言语代码理论、跨文化调试理论这两大层面展开分析。

1. 言语代码理论

言语代码理论是由菲利普森(Philipsen,1992)提出的。所谓言语代码理论,即基于文化层面,对交际中的不同代码进行分析和探究。

菲利普森提出了五个前提假设来解释言语代码的基础。

(1)每一种文化,都有特定的言语代码。

(2)言语代码包含能体现文化差异的心理学体系、社会学体系及语言风格。

（3）言语的意义依靠听者和说者双方使用的言语代码对交际行为的创造和解释。

（4）言语代码的细则、使用规则以及前提与言语本相融合，伴随着言语的始终。

（5）对共享的言语代码的巧妙使用是进行预测、解释和根据交际行为的可理解性、审慎性及道德标准对语篇形式控制的必要条件。

菲利普森等人（2005）总结出言语代码理论，并对这一理论进行了实证研究，强调对交际产生影响的文化与代码。在菲利普森等人看来，人们运用文化与代码的目的是使得自己与他人的交谈有意义，人们的文化与代码会对他们的行为产生影响，言语代码的"修辞力度"大小取决于人们如何合法、连贯地使用言语代码。①

对于言语代码理论，有学者对其提出了质疑。有学者指出，言语代码理论的内容相对宽泛，而且并没有关注道德伦理与价值观念等内容。另外，对于人们如何看待与感受他们日常所见的情境，菲利普森也没有进行研究和探讨。但是不可否认，菲利普森提出的很多观点对于交际研究的深入有着重要意义，人们也都表示接受与认可。

2. 跨文化调适理论

近年来，金荣渊（Young Yun Kim）着重于发展交际与文化调试理论，其最早的理论对韩国移民在芝加哥地区文化适应的因果关系进行了调查。后来，该学者基于开放系统视角对该理论做了改进，增添了移民"压力—调适—成长"过程的理论，同时开始关注移民"跨文化"的转变。

---

① 严明. 跨文化交际理论研究[M]. 哈尔滨：黑龙江大学出版社，2009：67.

跨文化调适理论有以下几种假设。

(1)调适属于一种普遍、自然的现象。

(2)跨文化调适并不是需要具体分析变量,而是个体在面对新环境时整体产生的进化过程。

(3)跨文化调适产生于交际活动中。

(4)调适是一种对所有生命体系来讲都自然而普遍的现象,交际是适应的方式。

自20世纪初以来,对于跨文化调适理论的研究就在不断深入,并且效果显著。这些学术上的观点与见解为跨文化适应理论的诞生奠定了基础,但是也为后来的研究带来了某些不便。

跨文化调适研究主要采用群体研究方法和个人研究方法,这两种方法都有不足之处。金荣渊提出了一套新的跨文化调适理论,归纳出一套系统、全面、综合的理论。

跨文化调适的现象存在是客观的。理解了跨文化调适现象的客观性,下面要面对的是进行怎样的改变。通过培养在新文化中的交际能力,我们的适应性会相应地有所提高;反之,适应性会减弱。

如果我们一直坚持进行成功调适的目标,那么一些微妙的下意识的改变将会出现,从而加速我们在知觉与情感的成熟,并且对人们的生活状况有更深入的认识与了解。

(五)跨文化交际中的价值观

跨文化交际中的许多语言和非语言方面的差异都反映了价值观的不同,而跨文化交际中的许多误解甚至冲突也源于价值观的差异。因此,了解不同文化的价值观和文化模式会帮助人们更好地理解不同文化背景的人们交际行为背后的文化原因。同时,在与其他文化价值观的比较中,人们能更好地把握中国文化的本质特点。

1. 价值观

跨文化交际研究领域主要有如下几种定义。

第四章　文化自信视域下学生跨文化交际能力的培养

(1)价值观是用以进行选择和解决冲突的规则。

(2)价值系统反映了什么是期望的,什么是必须做的和什么是禁止的。价值系统不是具体行为的报告,而是判断行为和约束行为的标准系统。

(3)喜欢某种事态而不喜欢另一种事态的大致倾向。

(4)价值观是关于什么是真、善、美的共享观念,价值观是文化模式的基础并指导人们应对自然和社会的环境。

综上所述,价值观具有如下本质特征:价值观不是实际的行为,而是关于行为的规则;价值观是一套关于什么是真、善、美的标准系统;这些规则和标准是用来判断和指导人们的行为的;价值观不是个人的喜好或倾向,而是一种集体的文化意识。

价值观包括很多方面,文化价值观可以分为两类:一类是终极性价值观(terminalvalues);一类是工具性价值观(instrumentalvalues)。终极性价值观是关于生命、生存等终极目标的价值观,而工具性价值观是关于道德和能力的价值观。

不同文化背景的人们对于终极性价值观和工具性价值观的选择和排列会有所不同。例如,西方人可能更看重自由、独立、获得财富等价值观,而中国人会更重视家庭和谐、责任感等价值观。

价值观的特点如下所述。

(1)价值观属于深层文化

霍尔把文化比喻成"冰山",价值观位于"冰山"的底层。有的学者把文化比喻成"洋葱",价值观位于这个"洋葱"的核心。这两个比喻一方面表明了价值观在文化中的基础和核心地位,另一方面也说明价值观是隐而不见的、无意识的。人们对自己文化的价值观往往习而不察,很少思考和讨论它。价值观也不能被直接观察到,只能通过行为方式来推断。

(2)价值观是人们行为的指南

价值观最重要的作用是指导人们的行为。价值观对人们行为的指导表现为两个层面:一是规定人们自身的交际行为是否正确或得体;二是影响人们对于其他人交际行为是否得体的解释和判断。

(3)价值观既是稳定的,也是变化的

与服饰和流行文化等相比,价值观相对来说比较稳定。不论是国家还是民族,都有他们自己的观念。例如,中国人的仁义观念、日本人的秩序观念、西方人的自由观念等,都是由一代代人的精神所积累起来。一些价值观也会随着时态的具体情况发生改变。例如,如今随着我国经济发展水平的提升和我国对外交流领域的扩展,中国人的金钱观念和性观念都有所改变。

(4)不同文化的价值观既有相同的成分也有不同的成分

例如,仁爱、公平、友情等价值观是人们共同具有的。在我国传统儒学中有"己所不欲,勿施于人"。在中国文化中注重孝顺、和谐、谦逊等,而在西方文化中则注重隐私、自立、竞争等价值观。在国与国之间的跨文化交际中产生的矛盾,主要是由价值观的不同所导致。

(5)价值观被违背时会引起情感上的强烈反应

文化无处不在,文化的核心是价值观,所以价值观已经和人们的文化身份密不可分。当人们的文化价值观被挑战的时候,会有紧张焦虑等情绪,这就是"文化休克"现象。例如,当我们询问西方人的收入时,西方人一般会感到尴尬和不悦,这是由于该行为违反了他们关于隐私的价值观。在国外的课堂上,学生经常与教师争辩,这种行为如果是在中国课堂上,则会被认为是不尊重教师的做法。因为这种行为违反了中国人尊师重道的价值观念。

2. 中美文化价值观模式

人们所说的文化模式是一种文化中大多数人所认同或体现出来的文化特征。下面人们主要讨论中国和美国文化模式的特征。

(1)中国价值观模式

要了解世界上不同的文化模式,首先要理解自己文化模式的特点。然而,要概括中国文化模式的特征也不是一件容易的事

第四章　文化自信视域下学生跨文化交际能力的培养

情。中国是一个既历史悠久又具有现代文明的国家,几千年的历史文化传统深刻地影响了中国人的观念和行为,同时现代社会的急剧变化,如五四运动的新思潮、社会主义的思想文化以及近些年经济的快速发展、全球化的影响等,使中国人的观念和行为发生了很大的变化。即使如此,在跨文化交际中大多数中国人还是体现出一些与别的文化群体所不同的文化特征。

中国人的价值观念大概有 40 项(顺序不分先后):孝、勤劳、容忍、随和、谦虚、忠于上司、重视礼仪、礼尚往来、仁爱、学识、团结、中庸之道、修养、尊卑有序、正义感、恩威并施、不重竞争、稳重、廉洁、爱国、诚恳、清高、节俭、毅力、耐心、报恩与报复、文化优越感、适应环境、谨慎、守信用、知耻、有礼貌、安分守己、保守、要面子、知己之交、贞节、寡欲、尊敬传统、财富。以下几个方面的价值观比较集中地体现了中国文化模式的特点。

以家庭为中心。在中国,家庭是每个人最重要的集体。在中国传统儒学思想中强调"修身、齐家、治国、平天下",也就是说把个人修养和家庭和谐看得十分重要。对于中国人来说,家庭关系远远比社会关系重要。在中国人眼里,家庭包括父母、子女以及祖父母和兄弟姐妹等,这些人员互帮互助,联系紧密,组成一个大家庭。

在中国人看来,孝顺是家庭的核心。我们经常可以听到"百善孝为先"。所以,中国的父母希望子女能够听从他们。此外,中国家庭还具有相互依靠的特点,父母养护孩子,孩子长大后也要赡养父母。对于中国年轻人来说,报答、赡养父母也是他们努力工作的原因之一。

尊重传统。中国文化源远流长、博大精深,中国文化值得我们自豪。正是因为这些原因,历史题材的影视作品和文学作品一直能够获得人们的认可。中国人常常将古代历史与当代的生活进行比较,并且人们在日常生活的交流和交往中,也会使用到历史典故和先人的名言故事等。对长辈和老人的尊重也是对中国传统的尊重。在中国人眼中,年长的人通常更有经验和智慧,所以他们值得后辈尊重。中国年轻人在工作中也要尊敬年长的人,学习长辈的工作经验和对自己的建议。

面子观念。中国有"人有脸,树有皮""打肿脸充胖子"等说法,通过这些俗语能够看出中国人重视面子。

第一,中国人十分注重自己在公众场合的形象,并且很在意他人的看法和评价,中国人的行为选择和改变等都会来自他人的看法和评价。许多中国人认为,有一份好的工作,子女学业有成,都十分有面子。反之,被他人指点子女学习成绩不好,在中国人眼里是十分丢面子的事情。

中国人除了重视自己的面子,更重视他人的面子。例如,在中国,当别人发出请求时,大多数人不会当面拒绝,而是婉转拒绝。Ting-Toomey(1999)等学者认为,个体主义文化和集体主义文化在面子观念方面的主要区别是个体主义文化更注重个人面子,集体主义文化更注重集体面子和他人面子。中国人重视面子的重要原因是追求自己与团体成员的和谐关系。但是,过于重视面子容易产生攀比心理,并且过于重视别人的面子,会让人失去原则,缺乏对真实性的追求。

重视人情。在人际交往中,中国人十分注重人情。在中国人的饭局上,请客的人一般会点很多菜,并且劝客人多吃,中国人认为这是热情好客的一种表现。中国人讲究"礼尚往来",即还别人的人情。当中国人获得了别人的恩惠、接受别人礼物等会觉得是"欠了人情",事后会想办法"还人情"。一些人在给予了他人帮助后,他们希望对方能够报答,如果对方没有回报,他们会认为对方"不懂人情"。

(2)美国文化模式

这里主要讨论的是美国主流文化所体现的文化模式,或者说是大多数美国人身上所表现出的文化特点。

美国人的价值观包括:干净、节俭、节约时间、实用、勤奋、主动、公平竞争、隐私、工作伦理、责任、进取、体魄、独创性、及时的行动、外貌、坚持、为未来准备、乐观态度。

第四章　文化自信视域下学生跨文化交际能力的培养

个体主义。在美国人的观念里，个体主义是最重要的，这也是美国文化最主要的特点。美国的个体主义文化倾向和其他国家相比比较强烈，从美国人喜爱的偶像西部牛仔、总统肯尼迪等都能体现出来。

美国人民的个体主义价值观主要体现在独立、隐私、首创精神以及自我实现等方面。当美国人做自我介绍时，他们总想表达出自己与别人不一样。在美国，当孩子 18 岁成人后就要离开家庭，他们要精神和经济上独立。每一个美国人的第一目标是实现自我价值，并且他们对自己的婚姻、就业、教育等选择要由自己决定。在美国的人际交往中，他们会表现得很自信并且很主动。

平等观念。美国没有经历君主政体和世袭等级制度。所以，不同种族的美国人相信只有自己努力才能获得成功，成功和出身和社会阶层并没有多大关系。美国人追求自由和平等，他们不是追求个人地位和能力的平等，而是追求教育和工作机会的平等。由此可以看出，美国人十分注重平等价值观。

由于美国平等的观念，美国人在交往时通常比较随意和低调。一般来说，社会地位较高的人相对会低调一些，这是为了使权力距离缩小，拉近关系。例如，在工作中，上下级用名字相互称呼，在家中和长辈交谈不用敬语等。在公共场所，美国人常常用礼貌的用语和陌生人交谈，这是因为在公共场所存在不同身份的人，为了对弱势群体进行保护，避免在言语上冲撞他们。

强调变化和进步。美国人认为未来会因为变化而带来美好，他们并不重视稳定、传统和经验，而是追求变化和不断进步。这样的观点促使美国人经常换工作或者换居住地。通过相关调查可知，美国人的一生会换五到六次工作，并且他们不喜欢长时间住在一个地方。美国人还非常喜欢使用科技产品，他们对新生的事物有着探索精神。在美国人的社交中，如果他们想称赞别人，他们会通过称赞对方的外貌和衣着等方式来表达。

物质享受。美国人十分看重舒适的生活。他们认为收入和房子等物质都能够成为判断一个人是否成功的条件。美国人尊崇消费主义价值观,认为对物质的追求和享受是理所当然,他们把物质条件当作是对自己辛勤工作的奖励。但是,美国人也会反省自己这种消费主义带来的消极后果。

竞争意识。美国人认为,社会进步离不开自由竞争。在竞争中,每个人都能够获取利益,尤其是经济领域的竞争。在美国,无论是工作还是其他事情,他们都会争取做到最好。在美国人的日常生活中,孩子从小被鼓励发表自己的意见,这样的方式能够激发孩子的潜力,增加孩子独立思考的能力。美国人不能接受的一个词语是"失败者"。

二、跨文化意识与跨文化交际能力

(一)跨文化意识

意识对人类的行动起着引领作用。在人们的跨文化交际中,具备跨文化意识,才能按照交际规则,对对方的行为有恰当的理解,顺利展开交际。由于中西方文化存在明显的差异性,个体与个体之间也存在差异,因此交际必然会遇到很多障碍。跨文化意识对世界的多样化、不同文化形式是承认的,并主张应该保持平等的姿态展开交流。可见,对跨文化意识的了解,有助于当代社会与人的和谐发展。

在跨文化交际中,跨文化意识主要体现在认知上,即对人的思维产生作用,这样的认知思维对个体行动有着重要的指导意义。另外,跨文化意识还具有文化性,因此需要交际双方对自身文化的特征、他国文化的特征要注重探求与了解,从而提升交际中的理解力。

世界文化是平等的,不能说好还是坏,交际者需要在基本的跨文化意识的支持下,对不同文化的差异有敏锐的洞察力,从而捕捉跨文化交际的问题,顺利展开跨文化交际。

跨文化意识的培养并不是一蹴而就的,是一个循序渐进的过

第四章　文化自信视域下学生跨文化交际能力的培养

程,具体包含对文化词汇、文学典故的学习,对中西方价值观念的了解,对中西方节日的清楚,对社交往来规范的熟知,同时不能忽视非言语交际。在具体的实施中,跨文化意识的培养可以从四个层次着眼。

(1)旅游者心态。在跨文化意识培养的初期阶段,交际者会存在一种旅游者心态,其要求交际者就自身文化对其他文化进行观察与审视,对他国文化实物的认识仅存在于表面,因此对不同文化事物间的联系并不了解。

在这一层次,交际者很容易受到文化优越感、文化偏见的影响。

(2)文化休克。当跨文化交际者对不同文化进行接触时,由于对异域文化不了解,不能与新的文化形式相适应,因此会在交际中出现误解,甚至会出现冲突。当他们经历过交际困难之后,会产生逆反心理,甚至对异国文化进行对抗,这就是一种文化休克的表现。

(3)理性分析与愿意适应。经过文化休克之后,交际者对跨文化意识有所提升,同时交际也逐渐变得更为频繁,因此交际者不得不接受新的文化环境,并对其展开理性的分析,实际上交际者是从主观层面对新的文化形式进行适应。

(4)主动了解和自觉适应。交际者主动对新的文化形式进行了解与自觉适应,并能够挖掘其文化事物产生的原因,这是对不同文化价值观与社会状况的分析与察觉,因此这是跨文化意识培养的高层,也是主观上的一种改变。

(二)跨文化交际能力

所谓跨文化交际能力,是指对跨文化交际过程中出现问题的处理能力,如文化态度问题、文化差异问题等。在具体的跨文化交际实践中,跨文化交际能力还体现在对文化运用的有效与得体上。前者主要是指对交际目标的实现,后者是指在目的语文化社会规范、行为模式、价值取向上是否做到相符合。

上述了解了跨文化交际能力的相关知识,懂得了其在跨文化交际中发挥的重要作用。下面对跨文化交际能力的培养要点进行总结。

(1)了解文化差异。人类文化具有共性,但是也具有明显的差异性。对这些差异性的了解,才能培养自身的跨文化交际能力。在具体的交际过程中,中西方在价值观念、时间观念等层面存在差异,因此交际者需要尊重不同文化的差异,对这些差异有清晰的了解,保证交际顺利开展。

(2)发展跨文化技能。当了解了文化差异后,还需要发展跨文化技能,具体来说可以从以下几点着眼。

第一,扫除思维定式的障碍。

第二,扫除民族中心主义的障碍。

第三,对交际情境能够灵活处理。

第四,深层次了解目的语文化及内部规律。

三、学生跨文化意识与能力的培养

学生英语语言学习与文化学习的目的在于顺利展开跨文化交际。当然,学生仅仅了解交际知识与中西方文化差异是远远不够的,还需要对文化差异进行理解和接受,这就是跨文化意识。同样,如果交际者要想在交际中表现得更为得体,还需要提升自身的跨文化交际能力。因此,下面就从四个方面分析培养学生跨文化意识与跨文化交际能力的途径。

(一)提升教师自身的文化修养

我国的高等教育对培养学生跨文化交际意识和能力的研究与教学起步较晚,发展较为缓慢。教师作为教学的主导,其教学观念直接影响着教学的方式、内容和成效。如果教师自身文化素养不够高,就很难在课堂上很好地对学生进行跨文化意识与能力的培养。我国大学英语教学中学生跨文化交际意识与能力培养

第四章　文化自信视域下学生跨文化交际能力的培养

的一个重要问题就是受教师观念及自身素质的制约。我国很多从事大学英语教学的教师缺乏海外留学经验,这使得他们无法生动形象地讲授英语国家的风俗文化和文化差异的各种现象,无法更好地进行言传身教。

为了迎合新时期大学生跨文化交际意识与能力培养的需求,可以开辟多种路径,如提供给教师出国工作和学习的机会,鼓励他们去国外进修学习。同时,教师自身也要持续学习,具备鲜明的跨文化交际意识,不仅要了解不同文化之间的区别,还要了解这种区别背后的深层次原因,这样才能更好地传授学生文化知识,帮助学生形成正确的文化交际观念。此外,高校还可以适时引进外籍优秀教师和学者,提升国内教师整体跨文化水平。总之,只有教师具备丰富的跨文化知识和交际经验,才能更有效地培养学生的跨文化意识,增强学生跨文化交际能力。

(二)加强学生对跨文化知识的学习

不同民族有其自身独特的语言,这些语言都是民族文化特色的重要组成内容。在英语学习过程中,教师要引导学生正确认识语言与文化之间的关系,并正视不同文化之间存在的客观差异,从观念上进行思维转换,帮助学生形成更加完善的认知。只有这样,学生才能消除语言学习中因文化差异而引起的不必要的误读,加深对英语学习的理解与掌握。在具体的教学过程中,教师要从不同层面出发,如词汇、句法、语用、思维等,对中西方文化进行科学对比,提高学生跨文化交际意识和能力。

(三)充分利用课堂教学

课堂是学生学习英语语言与文化知识的主要场所,因此教师应高效利用课堂时间展开教学。具体来说,教师需要在以下两个方面格外注意。

1. 重视课前预习

在课堂教学正式开始前进行预习是非常重要的。教师可以要求学生在课前通过各种途径查询与教材内容相关的文化背景知识,并在课程讲授前为学生分析。例如,《新视野大学英语》第三版第一册中的翻译练习部分是关于西方国家的 Christmas 和中国 The Mid-Autumn Festival 两个节日的。在课堂开始前,教师可以要求学生提前查阅与这两个节日有关的资料,除此之外还可以进行延伸阅读,了解中西方其他重要节日的异同之处。这样,通过收集和查阅资料,学生已经对中西方节日文化的相关知识有了大致了解,在教师正式讲授时会更顺利地理解教材内容,吸收教材知识。

2. 重视课堂讨论

讨论能够活跃课堂气氛,还能调动学生的积极性,启发学生的思辨能力。因此,教师要多组织课堂讨论活动。例如,教师可以让学生就收集的资料进行课堂分享,由于学生提前进行了查询工作,分享时就会更加自信,尤其是对于语言基础较差或性格较为内向的学生来说,分享可以让他们受到鼓舞,树立学习英语的自信心。此外,由于学生收集资料的途径不尽相同,分享发言的角度也有所不同,因此学生可以互相学习、取长补短、共同进步。

(四)努力创设第二课堂

课堂时间毕竟有限,学生难以得到充分的交际训练,因此不能仅仅依靠课堂教学培养学生的跨文化交际意识与能力。对教师来说,应有效利用课外时间,努力创设第二课堂,组织各种课外活动,营造一个自然的英语学习环境。教师可以结合具体教学情况,组织与跨文化交际主题相关的实践活动,如学习沙龙、英语角、英语辩论赛、英语演讲比赛、英语话剧表演等。这一方面可以激发学生对英语学习的兴趣,另一方面学生通过参与这些活动,可以得到训练,提高跨文化交际能力。此外,教师可以鼓励学生阅读优秀的英语国家文学作品,或欣赏反映中西方文化差异的优秀影视作品,在阅读和欣赏中学习文化知识,提升文化素养。

四、学生非语言交际能力的培养

(一)非语言交际的功能

"虽然我们用声音器官说话,但我们用整个身体来交谈。"[1]这句话说明了非言语交际在人们的日常交际中所起的重要作用。在日常交际中,非言语交际的功能主要包括以下几种。

(1)补充,也就是用来补充语言没有表达出的信息,增添了更多的言外之意,对语言起到修饰和描述的作用。例如,当某个人道歉说"对不起"时,如果只听声音,可能会没有太大触动,但是如果同时看着对方的脸,听着对方说出"对不起",那么这个道歉所体现出的力量会大得多。

(2)重复,即重复语言信息的意义。例如,当要示意一个人停止讲话时,在嘴里说出"停"的同时,可以做出一只手顶住另一只手的掌心的姿势,以此强调暂停。

(3)调节。非言语行为可以作为控制谈话的重要方式,如人们可以通过眼神、点头或摇头、语调变化等来调节或控制交际。

(4)替代。非语言交际不仅具有重复功能,有时还可以直接替代话语,此时我们使用动作来完成交际。例如,在会议室里,如果要跟某人互动,可以不用大声呼喊,而是向他摆手,并将手指向见面地点。

(5)否定。非语言交际有时会"出卖"语言,换句话说,有时候我们的非语言行为透露的信息与语言行为并不一致。例如,你告诉别人你很轻松,但是同时你的手在摇晃,声音也在颤抖,这就表

---

[1] 高琰,杜雪梅.高职英语教学中学生非语言交际能力培养策略研究[J].长春教育学院学报,2015(6):119.

明你的内心其实并不轻松。可见,很多情况下,非语言行为更能反映一个人的内心真实状态。

(二)学生非语言交际能力培养的途径

1. 改变教学思想,提升跨文化非言语交际意识

大学英语教师在教学思想上要认识到:大学英语教学的最终目的在于运用目的语展开交际。在交际过程中,为了避免发生文化冲突,就必须要重视非语言交际。

因此,大学英语教师需要提升自身的跨文化交际意识,在日常工作中注重研究非语言交际,通过对非语言交际手段、行为的学习,提高自身的非语言表达能力,进而提升交际的效果,使自己的一言一行更为得体,学生也在教师的引导下受到影响。

另外,在大学英语教学中,教师要有目的、有意识地向学生讲述非语言交际的内容。在大学英语课堂教学中,教师要对非语言交际的手段进行灵活处理,并介绍中西方在非语言交际层面的差异。同时,在大学英语教学中,教师可以将教材中提及的非语言交际手段运用到口语训练或者生词讲解中,让学生对两种语言的非语言交际行为进行对比与讨论。

2. 恰当运用英文影视、电子教材、网络等现代教学手段

电视、电影等是对非语言交际手段的表情动作、姿态等进行观察与研究的重要手段与材料。例如,英语教学片 *People You Meet* 就是对英国家庭情况的介绍,学生通过观察片段中人物的表情、动作等,对英国家庭的文化知识有所了解与把握。

也就是说,教师在组织学生观看电影、教学片时,应该让学生注意其中的动作与行为,尤其是非语言行为,观察他们在什么情况下、什么时候、对谁运用怎样的手势,并明确其表达的具体含义,之后教师可以设计相关问题让学生解答,如此一来,学生就能够对这些非语言行为有清楚的了解。

第四章　文化自信视域下学生跨文化交际能力的培养

3. 创设跨文化交际活动,让学生在实践中加深理解

大学英语教师应该鼓励大学生参与一些跨文化交际活动,让他们对不同文化的差异性有亲身的感受,通过与不同文化背景下的人们进行交流,习得应变能力,并运用所学的知识对跨文化交际中遇到的非语言交际行为问题进行有效解决。

在不具备目的语环境下,学生能够运用到的最有力资源就是外籍教师,现代很多大学都有外籍教师,他们就是进行非语言交际的活教材。大学生多和他们进行交流,观察他们在说话时所运用的非语言交际手段与行为,这样能够不断提升自身的跨文化非语言交际能力。

4. 引导学生运用报纸杂志等媒介对非语言交际语料进行收集

要提升大学生的跨文化非语言交际能力,除了教师的知识灌输外,学生也需要把握好业余的时间,他们可以运用报纸、杂志等,对西方国家的非语言交际知识进行了解,尤其是彼此的差异,这样对非语言交际的语料进行收集,配上语言素材,从而编制成短剧加以表演,这样学生不仅可以加深印象,还可以丰富自己的业余生活。

第五章 文化自信视域下大学英语基础知识教学的策略与路径

在当前的大学英语教学中,词汇教学与语法教学一直是重要的组成部分。随着学习的不断深入,大学英语词汇教学与语法教学有了更新的教学目标,除了要教授给学生基本的知识外,还需要让学生掌握一些文化知识,这样才能不断提升他们的跨文化交际能力。也就是说,应该从文化自信视域下审视大学英语基础知识教学。

第一节 文化自信视域下大学英语词汇教学的策略与路径

一、大学英语词汇教学简述

(一)什么是词汇

词汇是构成语言整体的重要细胞,是语言系统赖以存在的支柱,"如果把语言结构比作语言的骨架,那么是词汇为语言提供了重要的器官和血肉"[1]。可见词汇对于语言以及语言学习的重要

---

[1] Harmer, J.. *The Practice of English Language Teaching* [M]. London: Longman, 1990: 158.

第五章　文化自信视域下大学英语基础知识教学的策略与路径

性。那么什么是词汇呢？关于这一问题,不同的学者有着不同的解释,可谓见仁见智,以下就对一些有代表性的观点进行分析。

路易斯(Lewis)对词汇进行了解释,他将词汇称为"词块"(lexiealehunk),并把词块分为四种类型：单词(words)和短语(polywords)；搭配(collocations)；惯用话语(idioms)；句子框架和引语(sentence frames and heads)。[①]

陆国强指出,词是语音、意义和语法特点三者相统一的整体,是语句的基本单位,而词的总和构成了词汇。

总体而言,词汇是包含词和词组在内的集合概念,能够执行一个给定的句法功能,是基本的言语单位。

关于什么是英语词汇教学,王笃勤认为,英语词汇教学是一项包含教学的进程和活动的策划在内,将词汇讲解作为教学内容,以学生充分认知、熟悉和应用词汇为目标的教学活动。

简单来讲,词汇教学涵盖的范围十分广泛,是教学中最基础、最重要,也是最困难的环节。

(二)大学英语词汇教学的现状

1. 教师教学中的问题

(1)教学方法单一,脱离英语语境

词汇的掌握对英语语言学习的重要性是不言而喻的,但词汇的记忆和掌握的过程又是枯燥和困难的,这就需要教师来缓解这种枯燥,需要教师创新教学方法来创设教学情境,营造教学氛围,激发学生学习的积极性和动力。但是就目前大学英语词汇教学的现状来看,教师并没有将心思花在教学方法的创新上,而是依然采用陈旧的教学方式,即教师领读单词,讲解词汇用法,学生记忆单词。基于这种课堂教学模式,学生的主体地位被忽视,学生只能被动地学习和记忆,积极性根本无法调动起来,甚至还会产

---

① Lewis,M.. *Second Language Vocabulary Acquisition*[M]. Cambridge University Press,1997:255.

生抵触情绪。此外,教师在教学中对词汇的整体性认识不足,没能将词汇放到具体的句子或情境中,最终导致学生对一词多义理解不深,限制了学生综合能力的提升。

实际上,任何一种语言都产生于实际应用,要想掌握地道的语言,必须浸润在相应的语境中。我国的英语教育应试倾向仍十分明显,很多学生学习英语只是为了通过考试,教师也将通过考试作为教学的目标,这样一来,就将英语语境的创设与英语教学割裂开来,只追求语言的外在表达方式,而不深入探究其内在的文化与逻辑,从而使得学生用汉语思维去理解应用。例如,"玫瑰"(rose)这一词语在英汉文化中都象征着爱情和美好,除此之外,在中国常用"带刺的玫瑰"形容那些性格刚烈的女子,而英语中常用 under the rose 表示要保守秘密。英语中 rose 的这一文化含义源自英国旧俗,如果在教学中不对此进行说明,学生很难理解和掌握其含义。但实际上,很多教师只从词汇处着手,而未创设语境,这样很难让学生充分体会英语这门语言的魅力,也难以让学生更好地投入学习。对此,教师在教学中应创设符合英语文化背景的语境,从而为学生营造一个英语交流环境,培养学生的英语思维,锻炼学生的词汇运用能力。

(2) 教学效果不佳

词汇的学习和掌握要借助记忆来完成,但记忆是一个漫长的过程,如果学生不能在课后及时进行复习和巩固,记住的单词往往会在短时间内忘记。在海量的词汇面前,学生常常会表现出畏惧感,由于缺乏高效的学习方式,加之教学方法陈旧,使得学生的学习热情不高。而且教师也未能为学生提供应用的机会,这样学生通过死记硬背方式记住的词汇很快就会忘记,进而导致教学效果低下,学生的交际能力也受到限制。

(3) 忽视跨文化意识培养

很多英语词语意义深刻,蕴含着丰富的文化信息,这些词语称为"文化负载词"。经调查显示,很多学生对这些文化负载词完全不了解。这种情况在很大程度上体现了教师在词汇教学中忽

第五章　文化自信视域下大学英语基础知识教学的策略与路径

视了文化负载词部分,未有意识地运用跨文化意识来培养学生的词汇能力。具体而言,教师存在的问题体现在以下几个方面。

首先,对文化教学不够重视。这具体体现为以下几点:教师在备课环节的教学目标没有文化意识目标;教师消极地跟随应试教育的脚步;学校很少组织与英语文化相关的活动。

其次,教师自身的文化素养不够。大学英语教师虽然具备了扎实了英语专业知识,但英语文化素养有所欠缺。作为学生的榜样,如果教师的文化素养不高,自然也就无法提高学生的文化素养。

最后,文化教学方法不当。教师文化教学的方法比较单一,基本上是讲授法、多媒体展示法等,大部分教师只是在课堂教学中偶尔提到一些特殊词的文化背景,而很少有意识地渗透文化知识。这种教学方式就造成学生只了解词汇的表面意义,而不理解词汇的深层文化内涵。

事实上,跨文化意识和词汇教学是相辅相成的,教师在词汇教学中融入文化知识,能够提升学生的词汇能力和跨文化意识,而词汇量的增加又能进一步帮助学生更好的理解西方文化,培养自身的跨文化意识。

2. 学生学习中的问题

(1)重知识记忆,轻思维锻炼

在词汇学习过程中,很多学生仅仅依靠死记硬背来记忆单词,这种方法并未将思维的锻炼融入进去,学生也很快忘记。实际上,每一个单词都有应用的语境,只有在具体的语境中,才能保证准确性,因此学生在对词汇加以理解时需要从具体的语境出发,这样才能实现词汇学习的效果。

忽视英语思维的培养是在长久的汉语语境熏陶下产生的惯性思维,很多学生都习惯运用汉语的语言逻辑去理解、解释和使用英语,由于英语和汉语二者背后的文化与逻辑存在差异和冲突,因此必然会影响学生对英语的有效运用。实际上,无论是英语还是其他语言，只有深入了解语言的内在逻辑，才能做到自如运用。英语思维的培养不是仅仅记忆单词或背诵句子就能做到的，还需要学生充分理解英汉语言背后的文化历史，这样才能做到掌握英语这门语言。

(2)语义内涵的理解程度差

我国学生是在汉语环境下学习英语的，所以在理解英语词汇的语义内涵时，会不同程度地受到汉语文化的影响，而英汉词汇之间的语义不对等现象会给学生的词汇理解带来困难。具体而言，一方面，学生在本民族文化传统的影响下会形成思维定式，在理解英语词汇时会出现文化语义的偏差；另一方面，中西文化观念冲突会让学生思维混乱，对英语感到束手无策。如果教师忽视词汇文化背景知识的输入，学生在理解英语词汇时就会出现偏差，甚至会在使用中产生误用问题。

(3)缺乏探究意识

一般来说，在大学阶段，学生应该主动学习词汇，但是在实际的英语词汇学习中，很多学生仍旧从教师那里获取，不寻找其他的获取渠道，这样的学习就是被动的学习，长此以往，词汇掌握的量也是不充分的。同时，学生不会去主动探究词汇，也无法得知词汇文化的背景知识，这样的词汇学习也会逐渐缺乏兴趣和积极性。

(三)大学英语词汇教学的原则

大学英语词汇教学的开展应遵循一定的原则，这样可以使教学更加有效地进行，可以更好地培养学生词汇能力与跨文化交际能力。具体而言，大学英语词汇教学应遵循以下几项原则。

1. 联系文化原则

语言与文化密切相关，很多词汇都蕴含着丰富的文化，而且词汇学习的最终目的也是进行跨文化交际，因此联系文化原则也应是大学英语词汇教学遵循的一个重要原则。遵循联系文化原

第五章　文化自信视域下大学英语基础知识教学的策略与路径

则是指在大学英语词汇教学过程中,词义的讲解、结构的分析都应与文化相联系。充分理解语言文化,有助于加深对词汇的理解,全面掌握词汇的演变规律,有效地运用词汇。

2. 词汇运用原则

学习词汇并非为了单纯记忆词汇,而是为了在交际过程中有效运用词汇,因此在大学英语词汇教学中,教师应遵循词汇运用原则。这一原则是指教学中教师不仅要讲授词汇知识,还要引导学生对词汇加以运用。具体而言,教师在教学中要设计符合学生学习特点的教学活动,让学生积极参与教学互动,进而锻炼词汇运用能力。

3. 新潮性原则

在科技迅速发展的大数据时代,大学生有着开放的思想、新潮的想法,而且无论是学习还是生活,都与信息异常密切。对此,大学英语词汇教学应顺应社会的发展趋势和学生的需求,与时俱进,具有新潮性。教师除了教授教材中的词语,还可以适时传授一些热门新词,如 selfie(自拍),bestie(闺蜜)等,这样学生就会切实感受到语言的鲜活性和发展性,学习词汇的积极性也会随之提高。

4. 循序渐进原则

任何教学都应循序渐进地进行,也就是遵循循序渐进原则,大学英语词汇教学也不例外。具体而言,在大学英语词汇教学中遵循这一原则是指教学中在数量和质量平衡的基础上对所教内容逐层加深。基于循序渐进原则,大学英语词汇教学不能仅仅重视学生对词汇数量的掌握,也应重视学生对词汇质量的把握,要做到在增加学生词汇数量的基础上,提升学生对词汇使用的熟练程度。

逐层加深是指大学英语词汇教学应由浅入深、层层递进地进行,因为课堂教学中不可能一次性教授词汇的所有语义,学生也不可能一次性掌握全部知识。总体而言,在大学英语词汇教学中,教师要避免急于求成,应由浅入深地推进教学,让学生一步步加深对单词意义的了解和对单词用法的掌握,进而提升学生的学习效率和英语词汇水平。

5. 情景性原则

词汇教学不应孤立进行,其应做到词不离句、句不离段,设置情景,借助情景教授词汇。学生善于模仿、记忆力好、听觉敏感,所以教师应抓住学生的这些特征,为其创设真实的语言情景。教师应根据教材的内容,努力为学生创设良好的语言环境,让学生在较为真实的语言情景中,积极开展练习活动,坚持听、说、做相结合的原则。在情景中教授英语单词,一方面有利于学生对词义的理解,加强记忆;另一方面,方便学生将所学单词应用于交际活动中。

6. 重复性原则

遗忘是伴随着记忆而行的,在学生的词汇学习中,不可避免地会产生遗忘问题,每天如果不加以复习和巩固,将很难掌握词汇,对此大学英语词汇教学应遵循回顾拓展原则。这一原则是指在教学中将新旧词汇结合起来,利用已教授过的词汇来教授新的词汇,以便让学生对旧的词汇加以巩固,同时有效拓展和掌握新的词汇。

7. 对比性原则

大学英语教学中的大量词汇均有与其意义对应的词,通过对比、对照等方式将学生容易混淆的词以及内容上联系密切的成对概念找出来,加强单词的识记。根据神经系统的对称规律,当两种性质不同的语言材料同时出现时,会促进大脑皮层的互相诱导,强化"记忆痕迹",活跃思维活动。

二、大学英语词汇教学中的文化因素

语言是文化的载体,文化影响着语言,二者密切相关。不同民族的文化有着区别于其他民族文化的特色,而这种差异也会在语言中表现出来,并对语言起着重要的影响作用。就英汉民族而言,二者有着不同的历史文化、生活环境等,由此产生的文化差异都会对此产生一定的影响,进而对英语词汇造成一定的影响。了解英汉文化差异以及对英语词汇教学产生的影响,可使教师和学生充分了解文化因素的重要性,进而有意识地进行文化教学和文化学习。

(一)词汇空缺

不同民族的语言和文化不尽相同,反映在词汇层面就会形成不同的个性,即一个民族的词汇可能在另外一个民族是不存在的,这些词汇的概念与意义对于其他民族是非常陌生的,这就是所谓的"词汇空缺"。

在英汉语言中常会见到词汇空缺现象。例如,英语中有 strong point 和 weak point 的说法,但汉语中只有"弱点"而没有"强点"的说法。再如,汉语中"长处"和"短处"的说法,但英语中只有 shortcoming 而没有 longcoming 的说法。

很明显,词汇空缺势必会对语言的转换和文化的交流造成困扰。之所以产生词汇空缺,主要受如下几点的影响。

(1)地理环境差异

不同民族的人们身处在不同的地理环境中,所以该民族语言中描述地理环境的词汇在其他民族中可能会不存在,也就是存在词汇空缺。例如,"泰山"在汉语中有着独特的文化内涵,其喻指德高望重的人和强大的实力,如"有眼不识泰山"。无论是泰山这一物体还是其文化内涵,都是汉语文化所特有的,其他文化中并不存在,如果按照字面意思直接译为 have eyes but fail to see

Taishan Mountain,就会丢失其文化信息,读者也会产生疑惑,不明所以。英语中的 take French leave(不辞而别)和 Spanish athlete(吹牛,胡说八道的人)也是其他民族所不具有的,不能按照字面意思直接翻译,否则会令读者不知所云。

(2)价值观念差异

价值观念深刻地反映着文化,因文化背景的不同,所以不同民族的人们有着不同的价值观念,这在思维方式、语言表达等方面有着显著的体现。受中国传统观念和文化的影响,中国人崇尚礼仪,讲究谦让,在与人交际时常会采用很多谦辞,如"寒舍""鄙人"等。受个人主义价值观的影响,西方人追求自由,讲究平等,在与人交际时常会直接表达,而且富有逻辑,汉语中的一些谦虚表达在英语中并没有相对应的形式。

(3)社会风俗差异

英汉民族有着各自独特的社会风俗,反映在语言上,也会导致这方面的词汇空缺。例如,中国的传统节日,如"除夕""清明""中秋"等在西方国家并没有,与之相对应的一些节日风俗,如"守岁""扫墓""吃月饼"等在西方国家更是没有,这些富有中国特色的习俗在英语中根本没有相对应的表达形式。西方文化中万圣节的 trick or treat、感恩节的 turkey 等,在汉语中也没有相应的表达。可见,社会风俗差异也会导致词汇空缺现象的产生。

(二)文化缺位与文化错位

1. 文化缺位

"文化缺位"这一概念首先是由苏联著名的翻译理论家索罗金等人提出的。所谓"文化缺位",即在不同民族之间所有事物、所有观念存在的空缺情况。人们在接受新的文化信息的时候,往往会将已有的旧文化认知激活,从而构建对新文化信息的理解与把握。不同的民族,他们的文化认知也必然存在差异,正是这种差异的存在,导致文化缺位的产生。文化缺位具有如下特点。

第五章 文化自信视域下大学英语基础知识教学的策略与路径

（1）不理解性

文化缺位的第一大特点就是不理解性。例如，在英语语言中，名词数、格、时态等都是有着深层的意义，这很难被汉语民族理解。

（2）不习惯性

文化缺位的第二大特点就是不习惯性，即两种语言在语法、词汇层面表现的差异。同时，两种语言在引发联想、对事物的区分上也存在明显的不同，因此将这种现象又称为"异域性"。其在对事物的认知与表达层面体现得尤为明显。

例如，英语中 aunt 一词是大家熟知的，很多人也知道其既可以代表"阿姨"，也可以代表"舅妈""伯母"等。但是，在汉语中，由于中国人等级划分非常鲜明，因此很容易让中国人不理解、不习惯。

（3）陌生性

文化缺位的第三大特点是陌生性，即两种语言在修辞、表达、搭配等层面产生的联想与情感不同。例如：

一丈青大娘骂人，就像雨打芭蕉，长短句，四六体，鼓点似的骂一天，一气呵成，也不倒嗓子。

上例采用了比喻的修辞，这种通过用喻体来代替本体的说法，可以给整个表述增添色彩。但是，对于西方民族来说，这种现象并不常见，因此会是陌生的、新奇的。

（4）误读性

不同文化在摩擦与接触中，文化之间出现误读的情况是非常常见的。也就是说，对于一种文化中的现象，另一种文化中的人们会采用自身的思维对其进行解读，那么很容易出现不确定情况或误读情况。

例如，在澳大利亚，袋鼠是一种常见的动物。18 世纪，探险家们刚见到这一动物，就询问当地居民它的名字，当地居民告诉探险家是 Kangaroo。因此，在探险家脑中，这一词就自然而言地形成了，含义就是"袋鼠"。实际上，其本意是"我不知道"。但是,久而久之,这个名字也就这样固定下来,人们也不会探究其真伪了。

2. 文化错位

所谓文化错位,即人们对同一文化事物、同一文化现象产生的内涵解读与认知联想上的错位。文化错位现象常常在不同的文化圈内发生。一般来说,一个文化圈的人只对本圈的事物有一定的认知,而对其他文化圈的事物不了解或者缺乏认知,这样导致在跨文化交际的过程中,人们习惯用本圈的认知对其他文化圈的事物加以判断,从而产生文化错位。

同一文化事物、同一文化现象在不同的文化圈里会有不同的指称形式,也可能会产生不同的联想。即便处于同一种原因中,虽然读音相同、词语文字相近,其内涵意义也可能存在某些差异。这就是文化错位的表现。下面具体来分析文化错位的几种类型。

(1)指称错位

每一个民族,其对事物的分类标准都有各自的特征,都习惯用自己熟悉的事物对其他事物进行指称。

指称错位即在不同的文化环境下,同一事物、同一现象在语言上的指称概念存在错位性差异。当然,造成这一错位性差异的因素有很多,如历史差异、地域差异等。这些差异导致有些词汇的表面意义相同,但是实质含义不同,或者指称含义相同,但是表达形式不同,或者表达形式相同,但指称含义不同。下面就分别详细分析这三种情况。

第一,表面含义相同而实质含义不同。由于社会环境的差异,导致语言含义所指也存在差异。例如,drugstore 指的是销售化学合成药剂、杂货、美容产品或者便餐的场所,汉语中的"药房"既指出售西药的商店,有的能调剂配方,有的兼售中药的成药,又指医院或诊所里供应药物的部门。

第二,指称含义相同而表达形式不同。在不同的地域中,人们往往采用不同形式,对相同的指称含义加以表达,这可能在不同语言中发生,也可能在同一语言中发生。例如,"中学"往往在美国英语中用 high school 表达,但是在英国英语中常用 secondary school 表达。

第三,表达形式相同而指称含义不同。在不同的地域中,有些表达形式是相同的,但是指称含义可能不同,这也是一种错位现象。这可能在不同语言中发生,也可能在同一语言中发生。例如,picture show 美式英语中是指"电影",而在英式英语是指"画展"。

(2)情感错位

所谓情感错位,即在不同的文化背景下,人们对同一事物、同一现象所赋予的情感会存在错位现象。不同民族,其情感倾向可能是不同的,这就有可能造成情感错位。一般来说,情感错位包含如下两点。

第一,宏观情感错位。基于哲学的背景,中西方国家对同一事物的情感倾向会存在明显差异,这就导致价值判断的差异性。中国人往往比较注重共性,比较内敛;相比之下,西方人注重个性,比较直接。因此,在跨文化交际的过程中,会出现宏观情感的错位。

第二,微观情感错位。微观情感错位是人们对具体事物的情感倾向的错位。

三、文化自信视域下大学英语词汇教学中文化意识的培养

目前,英语词汇教学存在着诸多问题,教学现状并不佳。对此,为了切实提高英语词汇教学的效果,提升学生的词汇水平,培养学生的跨文化意识,就需要在遵循基本教学原则的基础上,对教学方法进行优化,即选用新颖有效的方法开展教学。

(一)集中培训法

集中培训是在特定的时间内,将词汇学习方法作为课堂教学

的中心内容,旨在让学生形成正确的词汇学习观念,获得适当的词汇学习方法。集中培训可以是一次完成,但是最好将时间控制在两周以内,然后在后续的教学中不断提供机会让学生运用词汇方法;也可以是分几次完成,可以根据观念与方法的分类,结合教学安排,在学期的不同阶段抽出专门的时间对学生进行方法培训。具体来讲,可以按照以下几个步骤进行。

(1)制订培训计划。首先制订词汇学习方法培训计划,明确培训目标、训练时间安排、训练内容、训练步骤和具体训练任务。

(2)方法调查。在培训开始之前,通过问卷调查的方式了解学生目前的词汇学习观念和词汇方法的使用情况,以便更有针对性地开展方法培训。

(3)小组研讨。将学生分成若干小组,让学生结合问卷上的内容和自己的学习经验,在小组内介绍与讨论自己词汇学习的观念和常用的词汇学习方法。然后,每个组选一个代表向全班同学汇报各自小组讨论的情况。

(4)修订培训计划。根据问卷调查和学生小组研讨的结果,修订词汇学习方法培训计划。

(5)教师讲解。教师结合学生问卷回答和小组研讨的情况,向学生阐述词汇学习方法的重要性和必要性,示范讲解如何调控和使用词汇学习方法。

(6)小组合作学习。学生在小组内合作完成教师布置的方法学习任务,练习使用各种词汇学习方法,尤其要注意新的方法。在练习之后,学生可以一起研讨方法的有效性,对使用方法的情况开展自我评价和同伴评价。教师可以有意识地鼓励学生自己设计词汇学习方法练习活动,最大限度发挥学生的主动性。

(7)训中与训后问卷调查。依据时间的充足程度,教师可以在培训中期或培训结束时再做一次问卷调查,以观察培训效果和学生词汇学习方法使用的变化情况。

(8)实际运用。教师在课堂教学中有意识地引导学生运用所学的方法处理遇到的各种词汇问题,拓展词汇的广度与深度,并逐渐形成适合自己的词汇学习方法系统。

(二)讲授文化知识法

在词汇教学中,教师可以采用教授法开展文化教学,即教师直接向学生展示文化承载词的分类及内涵等,同时通过图像、声音结合的方式列举生动的例子加以说明,直观地培养学生对文化的兴趣。只有熟悉了英语文化,才能让学生透彻地了解英语词汇。学习语言时不能只单纯地学习语音、词汇和语法,还要接触和探索这种语言背后的文化,在语言和文化的双重作用下,才能真正掌握英语这门语言。采用直接讲授法讲授文化,既省事又有效率。而且这些文化不受时空的限制,方便学生查找和自学。

例如,"山羊"/goat,在汉语环境中,"山羊"一般扮演的是老实巴交的角色,由"替罪羊"这一词就可以了解到;在英语环境中,goat 则表示"好色之徒""色鬼"。这类词语还有很多,如 landlord(褒义)/"地主"(贬义),capitalism(褒义)/"资本主义"(贬义),poor peasant(贬义)/"贫农"(褒义)等,这些词语代表了人们不同的态度。在词汇学习过程中,要深入了解和尊重中西方文化,这样才能更好地将词汇运用于交际。

再如,根据当下流行的垃圾分类,教师可以让学生翻译这四类垃圾:干垃圾、湿垃圾、有害垃圾、可回收垃圾。大部分学生都会将"垃圾"一词翻译为 garbage,实际上正确的翻译应是 waste。由这两个词就可以看出中西方文化差异。在英语中,garbage 主要指食物或者纸张,waste 主要是指人不再需要的物质,可以看出 waste 的范围更广,其意思是"废物"。当翻译"干垃圾"和"湿垃圾"时,学生又会翻译得五花八门,实际上"干垃圾"是 residual waste,"湿垃圾"是 household food waste。所以,学生有必要深入了解中西方文化的异同,这样才能学好词汇,才会形成英语思维,进而形成跨文化交际能力。

(三)创设文化情境法

语言只有在语境中才能焕发生机与活力,单独去看某个词汇很难在其中发现个中韵味,但是一经组合和运用,语言便有了生命力。因此,教师应创设信息丰富的环境,为学生提供真实的语言环境和大量的语言输入,使学生在逼真的语境中学习英语,给学生提供学习和运用词汇的机会。教师可以设计一些活动,如组织学生观看电影,然后指导学生进行角色扮演,让学生经历真实的跨文化交际情景,培养学生的跨文化交际能力。

除组织跨文化交际活动外,教师还可以组织一些课外活动,让学生切实感受英语文化,扩大学生的词汇文化资源,培养学生的跨文化交际能力。例如,《疯狂动物城》这部动画片深受学生的喜爱,但大部分学生并没有注意到这部影片的名字 Zootopia,也没有对其进行探究,觉得这是电影中虚构的一个地方。如果学生知道乌托邦的英文是 Utopia,可能会理解这个复合词 Zootopia 是由 zoo(动物)和 Utopia(乌托邦)结合而来。实际上,很多学生连汉语文化中的"乌托邦"都不了解,更不用说英语文化了。其实,"乌托邦"就是理想国,Zootopia 就是动物理想国,动物之间没有相互杀戮的地方。如果学生在观看电影前能对其中的文化进行探索,或者教师稍微引导,那么观影的效果就会更好,而且在欣赏影片的同时能掌握文化知识。

(四)词汇知识扩充法

词汇学习不能仅依靠教师的课堂讲授,还要依靠学生的课外自主学习,对此教师应有效引导学生充分利用课外时间来自主扩充词汇量,丰富词汇文化知识。

1. 推荐阅读

教师可以向学生推荐一些课外读本,如《英语学习文化背景》《英美概况》等,让学生利用课余时间进行阅读。通过阅读英语名著,学生不仅能充分了解西方文化背景知识,扩大文化视野,还能积累丰富的词汇,了解词汇的运用背景以及词汇的文化含义,更能培养学生良好的自主学习习惯,促使学生终身学习。可见,阅读英语书籍对学生的词汇学习而言是非常有意义的。

这不仅能培养学生的自主学习能力,还能丰富学生的文化知识,扩充学生的词汇量。

2. 观看英语电影

现在的大学生对英语电影有着浓厚的兴趣,对此教师可以借助英语电影来提高学生的词汇能力。具体而言,教师可以选取一些蕴含浓厚英美文化,并且语言地道、通俗的电影让学生观看。这样学生可以在欣赏影片的过程中切实感受英美文化,提高文化素质和词汇能力,同时提升学习词汇的兴趣。

第二节　文化自信视域下大学英语语法教学的策略与路径

一、大学英语语法教学简述

(一)什么是语法

对于语法的内涵,不同的学者有不同的界定。

弗里曼(Larsen-Freeman,D.,2005)认为,"语法包含语形、语义、语用三个层面,三者关系紧密,如果任一层面发生改变,其他层面也会随之发生改变"[1]。

许国璋教授(1995)指出,"语法制约着句子中的词汇、词汇关系。一种语言中的语法是对该语言中规则、规约制度的反映。基于这些规则、规约制度的指导,词汇才能组成合适的句子。

从上述定义中可知,人们对语法的界定更接近语言的本质。

---

[1] Larsen-Freeman,D.. *Teaching Language:From Grammar to Grammaring*[M]. Beijing:Foreign Language Teaching and Research Press,2005:49-58.

语法本身涉及静态与动态两种形式。就广义来说,人们的听、说、读、写、译五项技能需要语法手段的参与与描写。

(二)大学英语语法教学的现状

1. 教师教学中的问题

(1)语法教学弃而不教或边缘化

大学英语教学一直都在不断变革,教学内容随之不断改变,而随着2004年教育《大学英语课程教学要求》的颁布,大学英语语法教学内容退出了大学英语教材,大学英语语法教学也从大学英语教学中退出,最终导致大学英语语法弃而不教或边缘化。这具体体现在两个方面:首先教材中没有了语法内容,教师便失去了教授语法的依据和大纲,学生也将无法系统地获取语法知识;其次课时安排不合理,大学英语教学中多是精读课与泛读课,没有相应的语法课,即使教师讲解语法知识,也是零星的和碎片化的。实际上,语法对于英语语言的学习是至关重要的,语法贯穿于英语学习的始终,对英语综合能力的提升起着重要所用,所以教师不应忽视语法教学,而应积极开展语法教学,丰富学生的语法知识,提高学生的语法能力,为学生的英语综合应用能力打好基础。

(2)教学方式单一

英语语法知识繁多,学习起来十分枯燥,因此很多学生都对语法学习缺乏兴趣。想要改善这种现状,就需要教师创新教学方法,增添语法教学的乐趣,激发学生学习的积极性。但是,当前的大学英语语法教学并不乐观,教师依旧采用陈旧的方式展开,占据课堂的主体,这样学生处于被动的学习,不仅与教育理念不符,也不利于学生的学习,很难发挥学生的主观能动性。

2. 学生学习中的问题

(1)语法意识薄弱

大学生在中学阶段已经进行了很长时间的语法学习,普遍感

第五章　文化自信视域下大学英语基础知识教学的策略与路径

到枯燥乏味,因此他们认为到了大学阶段就没有必要重点学习语法了。实际上,尽管到大学阶段,语法依然是英语学习的重要内容,因为不掌握丰富和准确的语法,是不可能准确、流利地进行交际的。

(2)缺乏有效的学习方法

大多数学生语法学习的效率非常低,其中一部分学生是因为掌握的学习方法不正确,从而使得语法知识的掌握较为松散,不能成为一个系统。在语法学习中,学生往往比较被动,通常是遇到新的问题之后才会去学习语法知识,而当他们学习完一篇文章之后,又把语法学习抛之脑后,这样的方式是很难提升学生的语法能力的。

(三)大学英语语法教学的原则

1. 以学生为中心的原则

新课程教学理念提倡以学生为中心开展教学,即教学活动要以学生为主体,紧紧围绕学生来开展,这一教学理念也适用于大学英语语法教学。在大学英语教学中,教师应更新教学理念,认识到学生的主体地位,将学生放在教学的中心位置,有效激发学生的学习兴趣,鼓励学生积极参与教学活动,引导学生自主发展、学习和掌握语法规律,培养学生的语法能力。

2. 综合性原则

综合性原则是指大学英语语法教学要采取恰当的教学方式,具体体现在以下几个方面。

(1)归纳教学和演绎教学相结合。这两种教学方式各有所长,教师在语法教学中要根据具体的内容,将二者有机结合,以归纳为主,演绎为辅。

(2)隐性教学与显性教学相结合。隐性语法教学在教学中避免直接谈论所学的语法规则,主要通过情景让学生体验语言,通过对语言的交际性运用归纳出语法规则。显性语法教学侧重在教学中直接谈论语法规则,语法教学目的直接、明显。根据小学生的生理、心理特点,教师应尽可能避免机械、反复的语法识记和操练,应注重让学生在一个有意义的情景中感知、理解所教语法项目;然后为学生创设生动有趣的情景,让学生在交际活动中模仿、操练、巩固语法知识;最后,在学生理解并运用的基础上,教师帮助学生总结归纳语法规则。语法教学应以隐性教学为主,适当采用显性教学,这样能激发学生学习语法的兴趣,帮助学生增强语法意识,培养语言使用能力。

(3)寓语法教学于听、说、读、写教学中。学生的听、说、读、写四大基本技能的培养离不开语法,语法是为这些技能服务的。所以教师要把语法教学贯穿在听、说、读、写教学中,使语法真正服务于交际。

3. 实践性原则

传统的大学英语语法教学只重视知识传授,不重视技能培养,忽视语法的交际功能。《大学英语教学指南》注重学生能力的培养。教师要明确英语语法教学只是培养语言实践能力的桥梁,其目的是更好地培养学生听、说、读、写语言实践能力,进而达到用英语进行交际。因此,语法教学必须突出其实践性原则。

行为主义学习理论认为,外语学习基本上是一个形成习惯的过程。其他流派也从不同角度提出了练习在培养言语能力中的作用。大学英语语法主要出现在单词、句型、文章中,教师在语法教学中必须以多种方式对语言知识进行实践练习,根据具体情况适当点拨,让学生在精读多练的基础上,熟练掌握语法知识,形成语感,从而建立一套新的语言习惯。

4. 交际性原则

在大学英语语法教学中,教师应遵循交际性原则,即恰当地运用多媒体设计课堂教学,创设合理的语言交际环境,使语言交际环境符合实际环境,从而帮助学生更好地掌握语法知识,提升交际能力。提高学生成绩并不是语法教学的最终目的,语法知识的使用才是语法教学的本质,所以语法教学应结合实际生活,培养学生的语法思维,提升学生的听、说、读、写能力,提高学生的语言交际能力。

5. 文化关联原则

语法作为语言的内部规律,与文化有着密切的联系,即蕴含和反映着丰富的文化信息。对此,在大学英语语法教学中,教师应重视文化因素对学生语法学习的影响,并有意识地进行文化教学,创设英语语言环境,从而丰富学生的文化知识,切实提高学生的语法能力和语言交际能力。

二、大学英语语法教学中的文化因素

语言与文化密切相关,文化差异在语言中有着集中的体现,一方面体现在词汇上,另一方面则体现在语法上。因此,文化差异对大学英语语法教学有着显著的影响,而了解这种影响,对明确大学英语语法教学的目标,改善大学英语语法教学的现状具有重要意义。

(一)思维模式层面的影响

不同的民族,其思维模式也不相同,这种差异也会在语言中有所体现。英汉民族的思维方式在语法上的体现表现为英汉语法差异,具体表现是英语是形合语言,汉语是意合语言。

形合又称"显性",是指借助语言形式,主要包括词汇手段和形态手段,实现词语或句子的连接。意合又称"隐性",是指不借助语言形式,而借助词语或句子所含意义的逻辑联系来实现语篇内部的连接。形合注重语言形式上的对应,意合注重行为意义上的连贯。形合和意合是使用于各种语言的连接手段,但因语言的性质不同,所选用的方式也就不同。英语属于形合语言,其有着丰富的形态变化,语法规则众多,力求用内涵比较丰富的语法范畴来概括一定的语法意义,对句法形式要求严格。

英语句子多使用外显的组合手段,因此句子中的语法关系清晰有序。但汉语句子多用隐性的手段,语法关系并不那么清晰,而是十分模糊,如:"知己知彼,百战不殆;不知己而知彼,一胜一负;不知己不知彼,每战必殆。"这句古汉语就体现了汉语意合的特点。汉语属于语义型语言,受传统哲学和美学思想的影响,形成了注重隐含关系、内在关系、模糊关系的语言结构特点。所以,汉语主要靠词序和语义关系来表现句法关系,并不刻意强求语法形式的完整,只求达意即可。

具体而言,受思维模式的影响,英汉语法之间的差异体现在以下几个方面。

第一,汉语句子注重达意,英语句子注重形式上的联系。例如,"已经晚了,我们回去吧。"这句话用英语表达是"Let's go home, as it is late."为符合英语的表达习惯,添加了相应的连接词。

第二,英语主要借助词形的变化来组句,汉语则主要借助词序和词在句中的作用及句子的意思来组句。

第三,英语倒装句多,汉语相对较少。为了表示强调,英语句子常将主动词放在主语前面,或者是没有助动词的情况下,在主语前面加 do,does 或 did,形成倒装句。汉语表示强调就相对简单,有时将宾语提前,一般是不改变词序增加某些具有强调意义的词。

总体来讲,思维模式的差异反映了汉文化的综合整体与英文化的分析细节的思维方式的不同。在具体的大学英语语法教学中,教师引导学生充分了解文化差异对语法的影响,同时向学生输入相关的文化因素,使学生切实了解英汉语法的异同,进而提高学生的语法能力。

(二)语序因素层面的影响

语序指的就是词在短语或者句子中线性的排列顺序。语法语序就是表现语法关系的语序。例如,汉英都有并列式的合成词,尽管并列式都是由同等成分构成的,但是仍然存在较大差别。英语叙述说明事物时,习惯于从小到大,从特殊到一般,从个体到整体,先低级再高级;汉语的顺序则是从大到小,从一般到特殊,从整体到个体。此外,英汉语言中出现多个定语和多个状语时,定语和状语的排列顺序也是有差别的,这些实际上都源于文化的差异。因此,在大学英语语法教学中,教师应注重培养学生的文化素养,进而促进学生语法能力的提升。

三、文化自信视域下大学英语语法教学中文化意识的培养

(一)文化对比法

文化对语法教学的影响十分显著,对此教师可采用对比分析法让学生了解英汉语法的差异,培养学生的文化意识和跨文化能力。我国学生一直都是在母语环境下学习英语的,因此形成了汉语的思维模式,这必定会对英语语言的组织有所影响,主要是文化背景和生活习惯的影响。在这种情况下,英语教师的语法教学就会受到一定程度的阻碍。对此,教师应根据学生的学习规律和教学实际情况进行对比分析教学。教师应该使学生意识到文化差异对语言形成的重要影响作用,从而使学生了解英汉语言之间的差异性。这样便能在发挥汉语学习正迁移的前提下,使学生掌握具体的英语语法知识。

(二)创设文化语境法

在大学英语语法教学中,教师可采用情境教学法开展教学,

情境教学法具有包含语法规则和知识的真实环境,可以充分调动学生不同的感觉器官,激发学生学习的兴趣,可以让学生在接近真实的情境中切实参与到学习中,使学生系统地掌握语法知识。语法教学通过情境化实现了认知与情感的联合,颠覆了过去只讲述语法规则的陈旧方法,学生有了使用语言的空间。而且通过情境化教学,课堂氛围更加活跃,师生关系更加和谐,学生的语法能力和交际能力会得到显著提升。具体而言,情境教学的教学途径包含以下几个。

1. 融入音乐,创设情境

青少年通常对音乐有着强烈的兴趣,因此在语法教学中,教师可将音乐与语法教学相融合,营造轻松愉悦的气氛,在聆听中学,在欢唱中学。例如,在讲授现在进行时这一语法时,教师可以让学生先欣赏歌曲,并让学生持有该曲的歌词,然后找出歌词中含有现在进行时的句子。这样既能激发学生的学习兴趣,分散学习的难点,又能使学生在不知不觉中学到知识。

2. 角色扮演,感受情境

在大学英语语法课堂教学中,教师还可以组织学生进行角色扮演,让学生身临其境地学习语法知识。学生可以通过自己扮演的角色,体验相应情境下人物的言行举止、思想情感,深化所学知识,提高学生的人文素养。

3. 运用媒体,展示情境

在语法课堂教学中,有些教学情境因条件的限制无法创设,但随着多媒体技术的发展及其在教学中的运用,这一缺陷被弥补了。多媒体教学素材丰富多样,包含图像、图形、文本、动画以及声音等,将对话的时空体现得生动和形象,图像和文字都得到了充分体现,课堂范围不再沉闷死板,学生的感官得到了调动,加深了学生的印象,提高了学生参与课堂教学的积极性,教学和学习

第五章　文化自信视域下大学英语基础知识教学的策略与路径

效率也得到了显著的提升。

4. 设计游戏,领悟情境

设置符合学生心理和生理特征的语法教学游戏,可以激发学生的学习积极性,让学生积极参与其中。而且生动活泼的游戏可以调动学生的多种感官,使学生原本觉得困难的语法结构也变得简单许多,从而使学生在潜移默化中掌握语法知识。

(三)翻转课堂辅助法

翻转课堂是随着信息技术的发展而产生的一种新型教学模式,将该教学模式运用于大学英语语法教学,可有效调动学生学习语法的兴趣,促进学生自主学习能力的提升,提高学生的独立思考能力,进而培养学生的语法能力。翻转课堂这种教学模式不再以教师为中心,而是以学生为中心,教师只是起到辅助作用,学生是教学环节的重点,师生之间处于互动的状态。翻转课堂语法教学模式流程如图 5-1 所示。

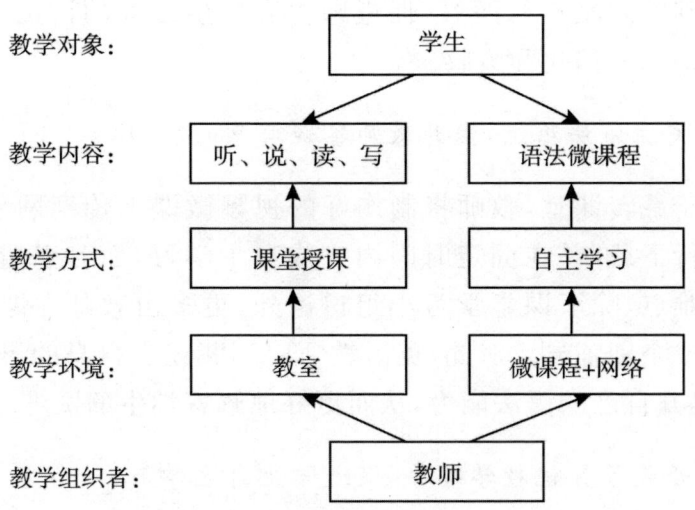

图 5-1　翻转课堂语法教学模式的流程

(资料来源:张晨晨,2019)

1. 提升微课制作水平,借鉴网络教育资源

相较于传统的语法教学模式,翻转课堂最大的特点在于以视频微课代替了"黑板+粉笔"的教学方式。但对于已经习惯了传统教学模式的英语教师来说,很难在短时间内适应视频微课这种形式,因此教师首先要熟练掌握微课的制作技术,灵活运用各种制作软件;其次要重视视频微课内容的整合与加工,在内容选择上要符合课本语法知识,并借鉴网络上优质的教育资源制作短小精致、内容丰富的数字化课程资源。

2. 拓宽师生互动渠道,确保语法教学效果

制作视频微课是翻转课堂语法教学的前提,后期的检查、实施和监督是更加重要的部分,因此师生之间应保持多维互动。首先,教师要指导学生观看视频微课,并对学生的学习内容和时间进行计划,把握学生学习的进度;其次,教师要利用社交软件建立QQ群和微信群等,加强与学生线上线下的互动,对学生在自主学习中遇到的问题进行解答,促进师生和生生之间的讨论,实现英语语法知识的消化和吸收。

3. 关注语法难点,提升教师答疑解惑的能力

基于翻转课堂,教师将制作好的视频微课上传到网络平台,学生自行下载,并在固定时间内完成自主学习,而对于遇到的语法知识难点,除了课堂学习小组讨论外,更多由教师在课堂上统一解答或个别辅导。对此,英语教师应不断充实自身的语法知识储备,提升自己的语法能力,从而更好地解答学生的疑难问题。

4. 开展差异化教学辅导,促进学生自主学习

在翻转课堂教学模式下,教师要更新教学理念,改变传统的教学模式,主动融入和参与学生学习的各个环节,成为学生学习的指导者和监督者。由于不同学生之间存在巨大的差异,有着不

同的基础水平和认知结构,因此教师需要采用不同的辅导方式来对不同层次的学生加以辅导,特别是对那些自律性不强的学生,要采取更有效方式来加以辅导,促进他们进行自主学习。

5. 重视教学评价,建立激励机制

翻转课堂语法教学重在学生的自主学习,为了掌握学生自主学习的频率以及参与程度,确保翻转课堂教学的效果,对学生进行考核评价就显得十分必要,而且这种考核要贯穿于课堂教学的全过程,并且评价形式要多样化,包括学生自我评价、小组评价、教师评价等多种考核评价形式。这种全方位的考核评价机制有利于教师掌握学生对语法教学的参与度和配合度,便于教师了解学生对语法知识的掌握程度,而且对学生有着正向的激励作用。

总体而言,在文化全球化时代背景下,英语词汇和语法教学应紧跟社会和教学改革发展的趋势,结合文化开展教学,即在教授词汇和语法知识的同时,融入英语文化知识,进而培养学生的文化素养,提高学生的综合能力以及运用词汇和语法知识进行跨文化交际的能力。与此同时,教师要持有客观的态度,不能一味地导入英语文化,还应传授汉语文化知识,从而树立学生的文化自信,使学生运用所学知识传播中国文化。

第六章 文化自信视域下大学英语基本技能教学的策略与路径

综合技能包含基础知识与基本技能,基础知识已经在上一章做了详细探讨,本章就来分析大学英语基本技能教学。在大学英语教学中,听、说、读、写、译是五项基本技能。这五项技能的提升对于学生的综合能力提升意义非凡。在文化自信视域下,大学英语教学也应该对这五项技能予以重视。

第一节 文化自信视域下大学英语听力教学的策略与路径

听力不仅是重要的语言输入技能,也是交际的重要方式,更是英语教学中不可或缺的一部分。提高学生的听力能力是大学英语听力教学的重要目标,但其最终目标是培养学生的跨文化交际能力,即运用听力能力进行交际活动。在文化自信视域下,大学英语听力教学也应该创新自己的策略与路径。本节就对其展开分析和探讨。

一、大学英语听力教学简述

(一)听力的内涵

在学者罗宾(Rubin,1995)看来,"听是一个包含主观能动性

第六章　文化自信视域下大学英语基本技能教学的策略与路径

的过程,它涉及听者对信号的主动选择,然后对信息进行编码加工,从而确定正在发生的事情以及发话人想要表达的意图"。

理查兹和施密特(Richards & Schmidt,2002)对"听力理解"进行了专门的探讨,他们认为,"听力理解涉及的对象是第一语言和第二语言,所要做的事情就是弄懂这两种语言。但是,对这两种语言的理解是有本质区别的。其中,对第二语言的听力理解比较关注语言的结构层面、语境、话题本身以及听者本身的预期"。

著名学者林奇和门德尔松(Lynch & Mendelssohn)特别指出了"听"和"说"的内在联系,他们认为要想成功地"听",还必须在"说"上下功夫,但是"听"同时也受到其他声音信息和画面信息的影响,这就要求听者在已有经验的基础上根据语境来对话语进行准确的把握。另外,"听"不是单一的,是连续不断的一种处理过程,包含以下部分。

(1)如何将语音进行划分。

(2)如何对语调形成一种认识。

(3)如何对句法进行详细的解读。

(4)如何把握语境。

大多数时候,上述过程是在人们的无意识中悄悄进行的。

此外,两位学者还就"听"和"读"的联系与区别进行了阐释,并认为与"读"相比,"听"的作用更加显著,具体包含以下几点。

(1)让人感受到一种韵律的美。

(2)让人产生一种追逐速度的急切心理。

(3)对信息的加工和反馈都在最短的时间内完成。

(4)耗时较短,通常不会重复进行。

"听"与"读"都是一种对信息的输入,但是在大学英语听力学习中教师绝对不能将"听"看作阅读的声音版,而应该认真研究"听"的本质属性,并据此去组织教学,从而帮助学生获得一定的听力技能。

(二)大学英语听力教学的现状

尽管大学英语教学深受重视,而且随着教学改革的深入有所发展，但是在教学中学生"听不懂，说不出"的问题依然存在。因此，有必要对大学英语听力教学中存在的问题进行分析，以便有针对性地解决这些问题，促进大学英语听力教学的发展。

1. 课程设置处于弱势地位

在整个大学英语课程设置中，听力教学处于弱势地位，受关注的程度并不高。在多数院校中，大学英语课的周学时为4小节，但教师常常将教学中心放在精读课上，部分院校甚至将听力课与口语课相融合，变成听说课，从而稀释了听力课的学时，这使得听力教学课时难以保障，学生听力能力的培养也难以保障。

2. 教学目标有所偏离

大学英语教学中设置了大学英语四、六级考试，这本是为了激发学生的学习兴趣，培养学生的英语能力而设置的，但有些教师将通过考试作为教学的指向标，从而忽略学生听力能力和跨文化交际能力的培养。基于这样的目标，在时间有限的课堂中，教师常会将听力教学沦落为题海战术，这样不仅使学生感到枯燥乏味，而且很难真正提高学生的听力能力。

3. 教学模式僵化

受课程设置不合理、教学目标偏离、受重视程度不高等影响，现在的大学英语听力教学存在教学模式僵化的问题。很多教师将主要精力放在教学任务的完成上，忽视对教材的整体把握，缺乏对学生的有效指导，甚至目标不明确，只是机械地、一遍遍地播放录音，学生只能被动、盲目地听，这使得听力教学拘泥于"听听录音、对对答案，教师解释"的单一模式。在这种教学模式下，不仅课堂氛围沉闷，而且学生的学习积极性不高，学生的听力能力更是难以得到锻炼。

4. 学生基础知识积累不足

现在，尽管听力教学受到了学生的重视，但是很多学生的听力水平不高,这很大程度上源于学生基础知识积累不足。一方面,学生缺乏必要的语音知识,对音节、连读等掌握不牢固,加之词汇量积累有限,欠缺语法知识等,这些都会对学生的听力理解造成影响。另一方面,学生缺乏良好的英语学习环境,对此学生很难对英语音调、韵律等具有敏感性。由于基础知识积累不足,学生的听力能力将很难得到提高。

5. 学生对听力缺乏兴趣

由于教学方式的单一性和听力本身的复杂性,很多学生对听力学习缺乏兴趣,甚至从心理上对听力产生抵触情绪。这种抵触情绪会进一步降低学生参与听力活动的积极性,甚至是应付听力学习,使得听力学习收效甚微。

6. 学生学习形式单一

受传统教学模式的影响,学生在学习英语听力时,十分依赖教师的教学,依赖于学校规划和课程安排,进而导致自主学习听力的能力较低,在英语听力上得不到成就感,学习兴趣降低,最终整体学习效果不佳。此外,学生跟随教师的课堂讲解,不利于学生建立个性化的英语知识框架和体系,不利于学生自主学习能力的提升。

7. 学生缺乏英语文化知识

语言与文化密切相关,很多听力材料中都渗透着文化知识。很多学生无法准确理解听力内容,部分原因就在于缺乏必要的文化背景知识。对此,学生在听力学习中不仅要学习听力技能,还要学习文化知识,了解英语国家的历史文化、思维方式等,掌握中西方文化间的差异,这样才能为听力学习扫清障碍,提高听力水平。

8. 缺乏英语听力环境

我国学生是在汉语环境下学习英语听力的,而且主要通过教材和课堂来学习英语听力,学生在课本上学到的英语都是规范英语,教师在教学中为了便于学生理解,常会放慢语速,而使得语流失去了正常的节奏。但在英美国家,人们在实际交际过程中使用的语言具有很强的口语化特征,常使用口语化表达。在课堂教学中,这种口语化的语言很少出现,学生接触不到地道的英语表达,也就很难切实提高英语听力能力。

9. 学生不善于利用课余时间

课堂教学的时间是有限的,因此对课堂教学起着补充作用的课余时间的利用率直接影响着学生的听力水平。但是在实际学习中,学生并没有充分利用课余时间。很多学生没有制订自己的学习计划,只是依靠课堂教学,但课堂教师是面向全体学生的,是针对学生的平均水平制订的,并不能满足学生的个性化需求。如果制订适合自己的学习计划,并充分利用课余的零散时间,将英语听力学习与日常生活相结合,对提高英语听力水平将起到事半功倍的作用。

二、大学英语听力教学中的文化因素

大学生在中学甚至小学时期已经学习了多年英语,对语音、词汇、语法和句型等都有了一定程度的掌握,因此很多学生甚至教师都认为,掌握了这些内容足可以提高听力水平。但是事实并非如此,因为即便学生掌握了大量的语音、词汇、语法、句型等方面的知识,也未必能听懂所听内容。这是因为听力理解的好与坏一方面在于听者的语言基础,另外还与其对话题的熟悉程度、文化背景知识的多寡、听者心理素质的高低等有关,其中文化背景知识的积累是一个重要方面。

学生只有掌握了一定的文化背景知识,才能在听的过程中充满自信。英汉民族文化存在较大的差异,这给语言交流造成了很大的困难,对听力的有效进行以及大学英语听力教学的开展都造

第六章　文化自信视域下大学英语基本技能教学的策略与路径

成了一定的影响。因此,要想切实提高英语听力能力,并能够运用这一技能进行跨文化交际,就要加深对西方文化的了解和认识,从深层次上提高英语听力能力。

(一)词语文化内涵差异层面

在听力学习过程中,很多学生都反映有的听力材料看上去并不复杂,也没有生词,语言结构也不复杂,但在听的过程中总觉得晦涩难懂,无法理解其内涵。这种情况主要是由于对词语的深层文化内涵不理解造成的。心理语言学认为,听者在大脑中储备的文化背景知识与听力材料互相作用的动态过程,是实现有效的听的重要前提。例如:

Wendy: What do you think of Vicky?

Chad: She is a cat.

Question: Does Chad like Vicky?

对于学生而言,上述对话没有任何陌生单词,理解起来并不难,但是在回答的过程中往往会答错。这主要源于中西方文化的差异。在中国,猫是可爱温顺、讨人喜爱的动物,但在西方国家,猫有着另外一层文化含义,指心存险恶的女人。上述对话中的"She is a cat."实际上是说 Vicky 是一个狠毒、心怀叵测的女人。由此可见,很多理解障碍并不是由语言本身引起的,而是由对西方文化的不了解引起的。因此,在大学英语听力教学中,教师应注意教授学生一些相关的文化知识,培养学生的文化素养,从而切实提升学生的听力能力。

(二)社交差异层面

学生学习英语听力是用来社交的,如果不了解中西方社交差异,将会对其交际过程产生不利的影响。中西方社交差异在多个方面都有体现,其中在俚语的表达方面就有体现。英语的俚语相当于汉语的歇后语,蕴含着发人深思的内涵。例如,fill someone in 的真正含义是"告诉某人,让他了解一些状况"。由于我国大学生对英国的社交文化不了解,很容易逐词逐句地理解这一短语,将其理解为"把某人填进去",这必然会对听力产生影响。对此,在大学英语听力教学中,教师应引导学生了解中西方社交文化的差异,培养学生的文化差异意识,切实提高学生的听力能力。

除了上述两个方面,英汉的思维模式差异、历史背景差异、地理环境差异等都对听力有着重要的影响,在具体的教学中,教师应尽量全面地丰富学生的文化知识,提高学生的文化素养,为学生听力能力的提升排除文化障碍。

三、文化自信视域下大学英语听力教学中文化意识的培养

(一)文化导入法

1. 通过词汇导入

词汇是语言的基本要素,蕴含着深厚的文化内涵,所以要了解西方文化,首先要从词汇开始。在大学英语听力教学中通过词汇向学生导入文化知识,不仅可以提高学生的文化意识和素养,还能丰富学生的词汇量,为听力能力的提高奠定基础。例如,"狗"这一动物在中国文化中多具有贬义色彩,从"狗腿子""狗拿耗子"等表达中就能看出,而在西方文化中,dog 深受人们的喜爱,被人们当作好朋友。在听力教学中,有意识地扩大学生的词汇量,丰富学生的词汇文化知识,将对学生听力能力的提升大有裨益。

2. 通过习俗导入

交际中必然会涉及习俗文化,如打招呼、称呼、感谢等,了解这些习俗文化对听力能力的提高具有重要意义。在具体的听力教学中,教师可以设计情境对话,或者安排学生进行角色扮演,让

第六章 文化自信视域下大学英语基本技能教学的策略与路径

学生置身于英语环境中感受英汉习俗文化的差异,听取地道的英语表达,锻炼英语听力能力。

3. 通过网络多媒体导入

现代信息技术的发展促使网络开始普及,而且在各个领域发挥了巨大作用。在信息化时代,教师可以充分利用多媒体网络技术向学生输入文化知识。具体而言,教师可以通过多媒体设备向学生展示文化知识,引导学生进行广泛的听力活动。此外,教师可以鼓励学生通过网络寻找听力资料进行练习,这样可以培养学生的自主学习能力,锻炼学生的听力能力。

(二)电影辅助法

英语电影能够营造真实、生动的听力环境,而且能够帮助学生更好地了解西方文化,从中体会中西方文化差异,进而提高跨文化交际能力。因此,将英语电影运用于大学英语听力教学,可有效激发学生的学习兴趣,提高教学的效率和学生的听力水平。具体而言,可采用以下步骤开展教学。

1. 观赏影片前

在观赏影片之前,教师和学生需要做一些准备工作。这些准备工作是指,在选定影片之后,教师要为学生布置好与电影主题相关的作业,鼓励学生在课下通过网络搜集一些与电影背景相关的信息,通过此方式加深学生对影片的了解。在临近观看前,教师要对影片的相关内容进行介绍,并提出拓展学生思维的问题,如影片中有哪些俚语以及主角爱好等,这样能够引导学生带着问题和好奇心去观看影片。在准备工作完成之后,学生在了解影片的基础上,边观看影片边解决问题,从而达到更好的学习效果。

2. 观赏影片中

在观看影片的过程中,教师可选择和运用影片中某个经典的片段的放映来指导学生进行精听。精听要求学生听清每一个词、短语和句子,清楚每一个情节。通过精听,教师可以更好地引导学生学习影片中的语言。在精听的同时,教师还可以采取泛听的方法,让学生了解影片的故事梗概。此外,在播放影片的过程中,教师可以根据学生的英语水平和影片中的相关内容适时暂停影片,提醒学生注意影片中的一些关键对话,辅助讲解一些俗语、委婉语、禁忌语等,同时分析其中所涉及的中西方文化差异,帮助学生掌握语言精华,培养跨文化意识。

3. 观赏影片后

在影片结束之后,教师可以有针对性地进行扩展活动,即选择影片中的经典情节,组织学生进行角色扮演,从而巩固学生的听力水平,锻炼学生的表达能力,提高学生发音的准确性,培养学生的语感,同时树立学生的信心,促使学生合作学习。另外,教师可以鼓励学生谈论影片的主题及意义,引导学生撰写影评,这样可以巩固学生通过影片所学的词汇、语法等知识的运用,进而提高学生的写作水平。

总体来说,英语电影语言丰富、情节生动,深受学生的喜爱,将其运用于大学英语听力教学,将能够为学生营造一个真实的语言环境,锻炼学生的听力能力。但需要注意的是,采用电影辅助法开展大学英语听力教学,在选材上要多加留意,要选择那些语音纯正、用词规范、内容健康的经典影片,这样才能让学生学到地道的英语表达,进而提高学生的听力水平。

第二节 文化自信视域下大学英语口语教学的策略与路径

由于中西方文化不同,人们在交际过程中经常会出现失误现象。基于不同的文化背景,人们要想顺利地交流,就要具备口语表达能力和对西方文化的理解力。对此,要想培养学生的口语表达能力和跨文化交际能力,使学生符合社会的发展要求,大学英语口语教学就应基于文化自信视角培养学生的口语表达能力。在文化自信视域下,大学英语口语教学应探寻适合学生的教学策略与路径。

一、大学英语口语教学简述

(一)口语的内涵

对于学习英语口语的学生而言,他们想要使用英语进行口语表达,首先就需要掌握一些英语的基础知识,如英语的节奏感、语音、语调等,口语能力的提升并不是一件容易的事情。个体想要掌握一门语言,不仅要学会发音,而且还需要把握这门语言其他方面的知识内容,如这门语言背后的社会习俗、文化背景、交际方式、社会礼仪等。可见,语言交际看似简单,其实相当复杂,是上述所有内容的一种综合体现。

人们对口语能力这一概念的理解往往不同,不同的理解通常会带来不同的教学效果。英语作为一门语言,是随着社会的发展而发展的,其学习理念同样也会逐渐变化。在以前,人们认为英语教学的理念就是发展学生的语言能力,让学生掌握基本的语音、词汇、语法、句法,学生只要对这些知识有了充分的掌握,就会自觉学会运用,流利地使用这门语言进行沟通与交流。然而,现实情况往往与人们想当然的局面大相径庭,而这种理念引导下的教学结果的弊端也越来越大。

20世纪70—80年代,西方国家涌现出大量的移民,在美国、新西兰、加拿大等国家都是如此,在这一现状的影响下,语言学领域的研究者以及作为一线工作者的教师对语言学习的传统模式有了很大的意见,他们的理念开始发生转变。这些人认为,学生只掌握语言的语音、词汇、语法等知识并不能真正地学会英语,更不意味着可以流利地开口讲英语,甚至不能利用自己所学的这门语言在社会上谋生。

随后,学者以及教师开始将英语语言能力看作交际能力的一个组成部分。有的学者认为,交际能力是语言学习者与他人利用语言这门工具所进行的信息互动,进而生成一种有意义的能力,这种能力区别于做语法、词汇知识选择题的能力。然而,学习者如果想要获取更加高级的交际能力,就必须对所使用语言的社会环境、文化环境有一定的了解。社会语言能力往往指的是使用语言的人在不同的场合与环境中运用语言的能力,这一能力涉及的层面如下所示。

(1)语域,即正式语言或非正式语言的使用。

(2)用词是否恰当。

(3)语体变换与礼貌策略等。

(二)大学英语口语教学的现状

口语作为一项重要的英语技能,具有显著的实践性特征。对于现代的大学生来说,口语是他们交际能力培养的重要途径。但是目前来看,我国大学英语口语教学的现状不佳,口语障碍和口语教学中的问题普遍存在。对这些问题进行分析,能有针对性地解决这些问题,进而改善大学英语口语教学的现状,消除学生的口语障碍,提高学生的口语表达能力。具体而言,大学英语口语教学中的问题体现在以下几个方面。

1. 教学模式缺乏创新

相较于其他英语技能教学,口语教学的实践性更强,需要通过交流和沟通来实现教学目的。这就需要教师根据教学目的创新教学模式,培养学生的口语实践能力。但是就目前的大学英语口语教学来看,教师依然采用传统的教学模式,即先讲解、后练习、再运用。这种教学模式虽然符合教学规律,却制约了学生的学习积极性。在这种教学模式下,学生只能被动地接受知识,机

第六章 文化自信视域下大学英语基本技能教学的策略与路径

械地进行练习,根本没有独立思考和自主学习的空间。现在的学生都习惯接受新鲜事物,根本无法适应单调且缺乏创新的教学模式,这种枯燥的教学模式不仅会影响学生构建语言的创造力,也会将学生的学习热情消磨殆尽。

2. 课堂缺乏互动

在大学英语口语教学中,师生和生生之间的交流和互动是教学的重要内容,也是口语教学的核心,对培养学生口语表达能力、实现教学计划起着关键作用。但是在现在的大学英语口语教学中,教师依然在课堂教学中处于中心地位,教师占据着绝对的主导权,课堂教学缺乏互动与合作,学生没有开口的机会,更没有开口说的积极性,自主能力得不到培养,最终口语教学陷入僵局。

3. 教师忽视口语实践训练

尽管当前英语口语教学受到了教师的重视,教师也尝试探索相应的口语训练措施来提升学生的口语能力。但是教师对学生的口语训练仅局限于课堂教学,而忽视了学生课后口语强化训练,也很少向学生推荐相关的口语训练平台,最终导致学生的口语训练效果不佳。

4. 学生思路不明确

思路不明确是学生口语学习过程中常遇到的一个问题。在英语口语练习过程中,学生会存储一定量的信息,并组织信息进行表达。但在实际表达过程中,学生的思维常会受到限制,尤其是遇到一些生词的时候,就无法判断要说的词汇和内容,在短时间内不能找到合适的句式来表达自己的思想。所以,思路不明确也会影响学生的口语技能。

5. 学生存在心理障碍

具有心理障碍,是当前学生在大学英语口语教学中存在的重要问题。这种心理障碍具体表现为自信心不足,存在焦虑情绪。这种焦虑现象的存在必然会对学生的口语学习造成影响。

6. 学生口语练习手段单一

现在学生练习口语的手段依然十分单一,学生通常是在课堂上按部就班地学习英语口语,或者是找外教练习口语,这对学生口语水平的提高并不利。实际上,随着社会的发展和知识的更新,大量的口语 App 诞生并广泛运用,各大高校也建立了自己的英语自主学习平台,这为学生的口语锻炼创造了条件。学生可以充分利用这些资源来练习口语能力,而不必拘泥于传统的学习方式。

二、大学英语口语教学中的文化因素

(一)词汇内涵差异的影响

词汇是人们撰写文章、口语表达思想的基础,要想准确地传递信息和情感,首先要掌握大量的词汇,并且要了解词汇的含义,包括基本含义和内在文化含义。词汇蕴含着丰富的文化内涵,这对口语表达也有着至关重要的影响作用。英汉文化差异在词汇上有着鲜明的体现,所以了解和掌握这些词汇的文化内涵,并将其准确地应用到口语表达中,将能有效提高语言表达的水平。例如,在交际中当对方说"Paul was in blue mood."这句话时,如果不理解 blue 的文化含义,将很难顺利进行交际。在这里,blue 并不指其基本含义"蓝色",与 mood 搭配表示的是"沮丧的,忧郁的"。了解了这一文化含义,交际自然就能顺利进行了。这样的例子还有很多,如在汉语文化中,"马"(horse)被人们视为朋友,属于积极进取、奋发图强、吃苦耐劳、勇往直前的正能量代表,如"马到成功""龙马精神"等都表达了这一象征意义。但在英语文化中,horse 常用来做普通的喻体,和马毫无关系,如 white horse(泡

第六章 文化自信视域下大学英语基本技能教学的策略与路径

沫翻腾的浪峰),horse of another color(完全不同的另一回事)等。

对此,在大学英语口语教学中,教师首先应丰富学生的词汇量,同时让学生掌握词汇所蕴含的文化含义,并了解英汉词汇含义所体现出的文化差异,从而培养学生的词汇对比意识,提高学生的口语表达能力。

(二)语用规则差异的影响

语言交际具有一定的规则,即语用规则。如果不了解英汉语用规则,就会对交际造成影响。例如,在寒暄方面,中国人见面习惯说"吃过了吗"表示关心。这样的表达并不在于"吃饭"本身,而是一种招呼用语,有着类似于"你好"的问候语义,相当于英语中的 hello。但是在西方国家,如果听到"Have you eaten yet?"时,会被理解为对方想请他吃饭,然后会做出回应:"Thank you,it is very kind of you."

对此,在大学英语口语教学中,教师应向学生介绍英汉语中的语用规则和英汉语用规则的差异,以免学生在交际实践中出现误解而影响交际。

(三)地理环境和气候条件差异的影响

地理位置不同,其气候条件也不同,这会对文化产生一定的影响,进而在语言中有所体现。例如,英国是个岛国,多面环海,处于温带海洋性气候带,气候四季温暖。受地理环境和气候条件的影响,英国降雨频繁,随时都有可能下雨,因此人们常随身带伞。基于这一背景,在日常生活中就不宜跟英国人开关于天气的玩笑,否则会引起交际失败或者冲突。

(四)思维模式差异的影响

英汉两种语言的思维模式存在诸多差异,这自然会对英语口语教学产生重要影响。例如,由于受母语迁移的负面影响,很多学生习惯了说"中式英语",因此表达的句式不符合英语语法,这会给学生的交流带来很大的障碍,导致对方不明白说话者的真正意图。此外,思维模式的差异对学生表达的流利性也会产生影响。很多学生习惯了用汉语进行思维,在用英语进行表达时,经常会遇到一时找不到英语对应词的情况,从而在表达中出现停顿、犹豫等现象,这就不利于学生与外国人的顺利交流。

三、文化自信视域下大学英语口语教学中文化意识的培养

(一)文化对比法

英汉文化差异对口语交际有着很大的影响,因此在英语口语教学中,教师应加入中国文化元素与西方文化元素的对比,呈现中西方文化之间的差异。以饮食文化为例,西方人宴请客人时多考虑客人的口味、爱好,菜肴通常经济实惠。中国人为了表示热情好客,在请客时通常准备多道菜肴,而且讲究菜色搭配。引导学生进行文化对比,不仅能提高学生的文化适应性,也能减少汉语思维的负面影响,进而提高学生的跨文化交际能力。

(二)创境教学法

口语学习的目的是进行实际交际,所以学生只有在真实的情境中开口说英语,才能使自己的口语能力得到锻炼。对此,教师可以采用情境教学法开展口语教学,即创设真实的情境,让学生在真实的环境下学习口语。具体而言,教师可以通过角色表演和配音两种活动来创设情境,锻炼学生的口语能力。

1. 角色表演

教师可以根据教学内容让学生进行角色扮演,将主动权交给学生,让学生自主分工、自行排练,然后进行表演。这种方式深受学生喜爱,不仅能缓解机械、沉闷的教学气氛,还能激发学生说的

第六章　文化自信视域下大学英语基本技能教学的策略与路径

兴趣,让学生在真实的社会场景中进行社交活动,锻炼口语能力。当学生表演结束后,教师不要急于评价学生,应先给学生一些建议,然后再进行点评和总结。

2. 配音

配音是一种有效锻炼学生口语能力的方式,教师可以充分利用配音活动来提高学生的口语水平。具体而言,教师可以选取一部英文电影的片段,先让学生听一遍原声对白,同时向学生讲解其中的一些难点,然后让学生再听两遍并记住台词,最后将电影调至无声,让学生进行配音。这种方式可有效激发学生开口说的积极性,而且能让学生在欣赏影片的同时锻炼口语能力。

(三)交际教学法

交际教学法诞生于 20 世纪 80 年代,其以交际能力的培养为目标,更加注重语言的实际运用,旨在提高语言交际的质量。交际教学法认为,英语教学的根本目的就是培养学生的交际能力,因此各种语言知识与技能的学习与训练都必须为交际能力服务。交际教学法打破了传统教学教师"一言堂"的教学模式,教师不再是教学的"主角",学生也不再是被动的"观众"。在交际教学中,教师要发挥自身主导作用,尊重学生的主体地位,合理安排课堂活动,将学生置于真实的语言环境中,帮助学生开展各种交际活动。

在口语教学中,交际教学法是一种行之有效的方式,课堂口语训练的内容有很多,如语音训练、会话技巧、交际技巧等,无论哪种训练,其核心内容都是语言的功能。

(四)课外活动教学法

大学英语课程的课堂时间十分有限,学生仅仅依靠课堂上的学习时间往往很难满足自身学习任务的要求,所以教师应该引导学生自动利用身边一切可以利用的时间和环境来练习口语。在课外,学生学习的知识可以作为课堂教学内容的补充,如果教师能够利用丰富的第二课堂,即课外活动,那么学生自身的口语能力提升的速度也是显而易见的。例如,教师可以组织学生进行英语演讲、英语作文比赛、英语短剧表演等,让学生将自己的表演录成视频,在多媒体教室播放,学生通过观看视频来提出自己的建议与评价,这可以在短时间内提升学生的英语口语能力。此外,有条件的教师还可以邀请一些外籍教师为学生进行课外讲座,或者创办英语学习期刊,设立英语广播站等,让学生在丰富自己课余生活的同时也能体会到英语口语的乐趣,从而更加热爱英语口语学习。

(五)美剧教学法

大学校园中美剧十分流行,深受学生的喜爱。实际上,美剧并不仅是一种消遣方式,还是帮助学生认识西方文化、提高口语表达能力和交际能力的重要途径。对此,教师可以通过美剧来开展口语教学,以改善口语教学环境,激发学生的学习兴趣,锻炼学生的口语表达能力。

1. 选择合适的美剧

美剧通常语言地道、故事情节生动富有吸引力,是一种有利于激发学生兴趣的学习资料。美剧类型丰富,题材各异,不同类型的美剧对学生的口语能力所发挥的作用也不相同,因此在运用美剧开展口语教学时,教师要对美剧进行筛选,选择有利于发展学生口语水平的美剧。此外,教师还要提醒学生不要只沉浸在对美剧的欣赏中而忽视对美剧中语言知识和文化背景的学习,鼓励学生带着学习动机来观赏美剧。

2. 开展层次性的反复训练

在运用美剧进行口语教学时,教师应遵循循序渐进原则,开展反复性的练习,逐步提升学生的口语能力。例如,在首次观看的时候，教师要引导学生将精力放在剧情上；在第二次观看时，教师可以引导学生对剧中的表达和语法等进行推敲；第三次观看时，教师可引导学生重点对人物说话的语气以及台词所隐含的内容进行挖掘和分析。分层逐步开展，可以有效加深理解和记忆，对提高学生的口语能力十分有利。

3. 关闭字幕自主理解

在看美剧时，很多学生习惯看字幕，脱离字幕将无法正常观看影片，实际上这样观看美剧对提高口语表达能力十分不利。在观看美剧时，学生应对台词形成自己的理解，在不偏离剧情中心思想的情况下抛开字幕自主理解，可以有效锻炼英语交际思维。

4. 勇于开口模仿

学生要想通过美剧切实提高口语交际能力，就要在听懂台词、了解剧情的基础上开口说，即对剧中人物的台词进行模仿。只有不断地开口练习，才能培养英语语感，增加知识储备，进而提高口语交际能力。总体而言，采用美剧来辅助英语口语教学能有效提升学生的听说能力，还能提升学生的写作能力，进而培养学生的跨文化交际能力。

第三节 文化自信视域下大学英语阅读教学的策略与路径

阅读是学生学习英语时必须要掌握的一项技能，也是对学生英语水平进行衡量的一项重要指标。通过阅读，学生可以获得丰富的信息，拥有丰富的体验，感受语言带给自己的文化魅力。但是，阅读并不是简单地接收信息的过程，还是一种复杂的交际与思维活动，其不仅受到语言能力的影响，还会受到文化因素的影响。因此，在阅读教学中，只有重视对文化内容的教授，并将跨文化内容融入英语阅读实践中,才能真正地提升学生的阅读理解与应用能力。下面就对文化自信视域下大学英语阅读教学的策略与路径展开分析。

一、大学英语阅读教学简述

(一)阅读的内涵

1. 阅读活动

阅读这一活动在人类社会中非常重要,其随着文字产生而不断产生。正是因为文字,人们才能将声音信息转向视觉信息,并对其进行保存。在现代社会中,不仅学习者的学习离不开阅读活动,社会生活的各个方面也都离不开阅读活动。阅读活动的性质可从以下几方面理解。

(1)阅读是以书面材料为中介的特殊的交际过程。它是作为一种特殊的交际方式而存在的社会现象,"作者—文本—读者"三极是构成这个过程的三个基本要素。在这个过程中,读者不仅要透过文本去发现、理解作者要表现的世界,而且要通过与作者在情感、理智上的对话与交流,实现意义的生成及主体自我的创造与重构。

(2)阅读是读者从书面语言符号中获取意义的认知过程。通过阅读,读者可以把外部的语言信息转化为内部的语言信息,将文本所蕴含的思想转变为自己的思想,从而不断地丰富和完善自己的认知结构。

(3)阅读是人类社会的一种言语实践行为。它是主体感受、理解文本、建构与创造意义的过程。

(4)阅读是一种复杂的心智活动过程。在阅读活动中,读者先要运用视觉感知文字符号,然后通过分析、综合、概括、判断、推理等思维活动对感知的材料进行加工,把经过理解、鉴别、重构的

第六章　文化自信视域下大学英语基本技能教学的策略与路径

内容融入原有的认知结构中,而且这种思维活动要贯穿阅读过程的始终,必须凭借全部的心智活动及特定的智力技能才能完成。

2. 阅读理解

在语言学习过程中,阅读能力一直都发挥着重要的作用,因此很多国家都十分重视阅读。例如,美国做过"美国阅读动员报告",英国启动了"阅读是基础"运动,两国还投入了大量人力和财力来推动国民阅读能力的培养。在中国教育教学中,阅读能力也深受重视。关于阅读的定义,不同的学者发表了不同的看法。纳托尔(Christine Nuttall,2002)对阅读的理解总结为以下三组词。

(1)解码,破译,识别。
(2)发声,说话,读。
(3)理解,反应,意义。

"解码,破译,识别"这组词重点关注阅读理解的第一步,也是十分关键的一步,读者能否迅速识别词汇,对阅读有着重要的影响。"发声,说话,读"是对"朗读"这种基本阅读技能的诠释,这属于阅读的初级阶段。朗读是将书面语言有声化,在各种感官的共同作用下加快对阅读内容的理解,这有助于语感的培养。通常,随着阶段的提升,读的要求会从有声变为无声。"理解、反应、意义"强调阅读过程中意义的理解与交流。在这一过程中,读者不再是被动接受阅读材料中的信息,而是带着一定的目的,积极地运用阅读技巧去理解阅读材料的主要信息。

Aebersold(2003)认为,读者和阅读文本是构成阅读的两个物质实体,而真正的阅读是二者之间的互动。

王笃勤(2003)指出,阅读是一项复杂的认知活动,是读者提取文本中的信息并与大脑中已有的知识结合,从而建构意义的过程。读者理解阅读文本的过程中主要涉及三种信息加工活动,分别是对句子层面、段落或命题层面、整体语篇结构的分析活动。

由上述定义可以看出,很多学者都认为阅读涉及读者和阅读文本,并且认为阅读是这二者之间的交流互动。简单而言,阅读就是读者积极运用已经掌握的语言知识和背景知识等对语言材料进行处理,同时获取信息的过程。

3. 阅读模式

关于阅读的模式,不同的学者有着不同的理解,基于对阅读不同的理解,人们提出了以下四种阅读模式。

(1)自下而上模式

自下而上模式即在阅读中读者从下到上、从底层到高层进行解码的过程。这种解码过程表现为从分析词、句到篇章。受这一模式的影响,传统的阅读教学侧重于讲授词、句等基础知识,忽视了教授学生把握整体语篇,显然其不利于学生的阅读学习。

(2)自上而下模式

自上而下模式即阅读不再从低层出发,而是从高层次的语境出发,对整个语篇的意义进行预测。在阅读时,应该从自身的已有知识出发,对文本材料加以预测与修正,实现读者与作者的双向交流。在阅读中,读者将自身的已有知识调动起来,从文章内容出发,对作者的意图进行推断。受这一模式的影响,阅读教学侧重于培养学生的推测能力,主张在提升阅读质量的同时提升阅读速度与效率。但是这一模式对于学生已有的知识过于强调,忽视了教学中对语言知识的积累和把握,容易让学生产生阅读问题。

(3)图式驱动模式

图式驱动模式,该模式认为阅读是一种心理猜测过程,整个过程都在围绕猜测进行。与文本驱动模式的区别是,该模式认为阅读过程涉及两个方面,即文本和读者。在文本阅读过程中,读者运用已有的话题知识、语篇知识、文化知识等来理解正在阅读的材料和猜测接下来将要阅读的材料。

(4)交互阅读模式

交互阅读模式,该模式认为阅读是一种交互过程,这种交互包含两个方面。一方面是读者与文本的交互,另一方面是文本驱

第六章　文化自信视域下大学英语基本技能教学的策略与路径

动与图式驱动的交互。该模式既注重语言基础知识,也注重背景知识在阅读中的作用。并且认为,只有将解码技能与图式相互作用,才能完成文本的理解。该模式要求教师在阅读教学中既要重视基础语言知识的传授,又要引导学习者激发脑海中的已有图式,从而促进学习者建构与新知识的联系,提高阅读效率。

(二)大学英语阅读教学的现状

1. 阅读教学模式落后

在一些英语阅读课堂上,传统英语教学的影子还没有完全消失。虽然教育学界很多专家都在倡导先进的英语教育理念,但是真正让这些理念落地,还是困难重重的。我们还是会在英语阅读教学课堂上看到这样的情景:教师在上面津津乐道,学生在下面认真聆听,并且还做着笔记。教师逐句讲解阅读文章里的新词汇、新句型、新语法等,然后分析文章里的问题,这样的英语阅读课就有点变味了,倒像是一堂语法课。关键问题是学生还习惯了这样的教学模式,久而久之养成了被动的学习习惯,自己缺乏思考、缺乏实践,课堂缺乏互动,这样不仅减少了阅读兴趣,也无法真正提高学生的英语阅读能力。

2. 课外阅读学习缺乏监督

大学的课时有限,因此很多的阅读主要是在课外完成的。虽然教师布置了课外作业,但是学生形成了依赖教师的思想,如果教师不抽时间检查学生的课外作业,学生很可能就不会认真对待课外作业。课堂的阅读量是很小的,加上学生对待课外阅读不认真,这样就很难提高自身的阅读能力了。

3. 学生英语阅读的动力不足

从中学进入大学后,学生摆脱了家长和教师的严格监督,因此大学的学习主要依靠自主性来推动。如果学习的自主性不强,学生就会浪费大把时间。另外,很多学生进入大学后一下子松懈了,错误地将考试当作唯一的学习目的,英语阅读的动力明显不足。如果阅读材料的篇幅过长,或者难度过大,学生就更加没有动力完成阅读了。

4. 学生的词汇量和阅读量小

篇章是由许多词汇构成的。显然,没有一定的词汇量,英语阅读是无法进行下去的。要想提高英语阅读能力,词汇量是基础,足够的阅读量是前提。在词汇量薄弱的情况下,扎实的阅读技巧是没有用武之地的,是无效的。进入大学以后,英语阅读所要求的词汇量相比于中学阶段有了大大的增长,并且同义词、近义词繁多,词义之间的区别和差异模糊、难以辨认,这给学生的学习增加了难度,对学生的目标要求也就不一样了。英语阅读综合能力的提高,需要学生在掌握充足的词汇量的前提下进行大量的阅读。当然,词汇量和阅读也是相辅相成的,词汇量是通过阅读加以积累的,而词汇量又进一步推动着阅读的进行。

二、大学英语阅读教学中的文化因素

(一)思维模式层面

不同的民族有着不同的思维模式,这种思维模式在语言中有着显著的体现,即表现为英汉语篇有着显著的差异。英语语篇属于演绎型语篇,往往开门见山,在文章的一开头就表明作者态度,随后再进行验证说明。汉语语篇属于归纳型语篇,往往是先摆事实、讲理由,最后得出结论,而且作者的主题思想隐蔽,需要学生边阅读边体会。这就使得学生养成了精读的阅读习惯,在面对英语文章时不善于运用略读等技巧,进而影响阅读效率。

对此,教师在阅读教学中应引导学生了解英汉思维的差异以及这种差异对语篇阅读的影响,培养学生的英语思维,锻炼学生运用英语思维理解文章的能力。

第六章 文化自信视域下大学英语基本技能教学的策略与路径

(二)历史文化层面

每一个国家和民族在漫长的演变和发展中形成了有着民族特色的历史文化,蕴含着丰富的文化底蕴。在阅读英语文章时,学生时常会因为不了解相关的历史文化而产生阅读障碍。

例如,meet one's Waterloo 这一成语来自著名历史事件滑铁卢战役。Waterloo(滑铁卢)是比利时中部的城镇,1815 年拿破仑在这个地方大败,从此一蹶不振。Waterloo 这个小镇也因此次著名战役而出名。从字面意思上来看,meet one's Waterloo 是"遭遇滑铁卢战役之类的事",可以进一步引申为"惨败"。

对此,在大学英语阅读教学中,教师应丰富学生的历史文化知识,扩大学生的知识面,为学生阅读能力的提升奠定基础。

(三)社会文化层面

由群众创造的具有民族特征的并对社会群体发挥作用的文化现象就是社会文化。社会文化的不同也对学生的英语阅读造成了一定的影响。例如,bread and butter 这一短语,bread 的意思是"面包",butter 的意思是"黄油",在西方,面包和黄油都是很日常的食物,是人们日常生活中不可缺少的,因此 bread and butter 在英语中就常用来引申为"生计,主要收入来源"。如果学生不了解这一文化背景,在阅读中就会影响正确理解。

三、文化自信视域下大学英语阅读教学中文化意识的培养

(一)"阅读圈"教学法

"阅读圈"是指一种由学生自主阅读、自主讨论与分享的阅读活动。在大学英语阅读圈中常常会采用分组的学习方式,小组中每位学生自愿承担一个角色,负责一项工作,并进行读后反思。

在阅读体裁的选择上,可以选择自己喜欢和感兴趣的文章开展有目的性的阅读。同时,每个人都有自己的任务需要完成,每个人在阅读完以后都要和他人分享和讨论相关性的问题。阅读圈模式的目的是鼓励学生阅读和思考,其活动效果在很大程度上取决于小组成员在前期是否做好了充分的准备工作。采用"阅读圈"教学法开展阅读教学,对提高学生的阅读兴趣和教学效果具有重要意义。在英语阅读教学中,"阅读圈"教学法主要包含以下几个实施步骤。

1. 设计任务

教师以某个文化专题为教学内容,明确教学目标,选定学生在课堂以及课外需要阅读的材料,设计好相应的需要学生进行讨论和分析的问题,并规划好学生完成这些任务的学习模式。

2. 布置任务

在这一环节,教师安排学生组成"阅读圈",每个小圈子为6~7人。之后,教师向学生讲解阅读圈教学模式的理念、要求和规则,告知学生的学习重点和内容。此外,教师可以鼓励学生在自己的阅读圈内承担一定的角色,具体角色示例如表6-1所示。

表6-1 阅读圈各成员的角色分配示例

角色	具体任务
讨论组织者	主持整个讨论过程,并准备相关问题供圈内成员讨论
词汇总结者	摘出阅读材料中的与文化专题相关的重点词汇和好词好句,引导圈内成员一起学习
总结概括者	对所有阅读材料的文化元素和内容进行总结并与组员分享,总结、评价小组活动的内容和成果
语篇分析者	提炼阅读材料中的重要语篇信息并与圈内成员分享

第六章　文化自信视域下大学英语基本技能教学的策略与路径

续表

角色	具体任务
联想者	将所读阅读材料与文化专题相对应的中国文化的内容建立联系,结合最新的社会文化发展动态进行批判性评价
文化研究者	从阅读材料中找到与自己相同、相近或者不同的文化元素和内容,并引导圈内成员进行比较

(资料来源:刘卉,2018)

3. 准备任务

在布置完任务之后,教师引导学生进行独立思考,并让学生将需要讨论的问题及自身的思考结果形成文字。此外,由于阅读圈内各成员承担着不同的角色,教师应鼓励学生完成各自的任务,自由表达自己对文化的不同看法。

4. 完成任务

当学生通过自己的努力和教师的引导完成相应的任务时,各个小组就可以按照各自负责的内容进行汇报,对所读内容进行信息加工、思维拓展,确定小组汇报的内容,最终形成PPT,在课堂上展示核心成果。这一阶段是学生汇报并自由讨论的阶段,有助于启发学生的多元思维,深化文化内容的探讨,因此教师要引起足够的重视。教师作为活动的组织者和指导者,要掌控整个讨论过程,对讨论过程中可能出现的争论不休或偏离主题等问题进行及时解决。

5. 评价任务

当学生各自汇报完自己的学习成果时,就可以进入评价阶段了。评价可以是学生自评,也可以是同学互评,还可以是学生和教师共同评价。在互评时,可以根据每个阅读圈展示的阅读成果以及成员讨论表现进行打分。学生互评完成后,教师可以进行总结,对各阅读圈及学生自身的表现进行点评。需要注意的是,教师在点评时要注意尊重学生对文化的不同观点,重点关注学生思想的深度和广度,同时对那些积极参与讨论的学生提出表扬,以此带动全班同学积极参加此类活动。

(二)阅读文化图式法

图式理论充分彰显了阅读的本质,即强调阅读的本质是读者及其大脑中所理解的相关主题知识与阅读材料输入的文字信息之间相互作用与交互的过程。图式理论是一种关于阅读研究的科学理论,其不仅强调文化背景知识与文化主题知识的重要性,而且并未忽视词汇、语法在阅读中的重要作用。下面通过读前、读中、读后三个阶段进行详细的分析。

读前阶段是信息导入阶段。在这一阶段,要发挥出图式在阅读之前的预测功能。教师可以组织学生参加一些讨论、预测或者头脑风暴等活动,从而将学生头脑中的图式激发出来。在这一阶段,通过自上而下的阅读,学生头脑中的先验知识与文本相结合,从而将学生的图式激活与构建,为学生进一步的阅读埋下伏笔。

读中阶段是文化渗透阶段。在这一阶段,要发挥出图式的信息处理功能。学生根据自上而下的模式来探究文章的整体思路。一些新的文化知识可以通过自上而下的阅读模式获得,从而构建内容图式与阅读技巧。在读中阶段,略读、细读等都是比较好的策略。

读后阶段是文化拓展阶段。在这一阶段,要发挥出图式的记忆组织功能。教师可以通过各种活动对学生的新图式加以巩固,如辩论、角色扮演、讨论等。图式理论指出,学生存储在大脑中的图式越丰富,学生的预测能力就越强。因此,课外阅读是非常重要的。具体可以通过图 6-1 体现出来。

第六章 文化自信视域下大学英语基本技能教学的策略与路径

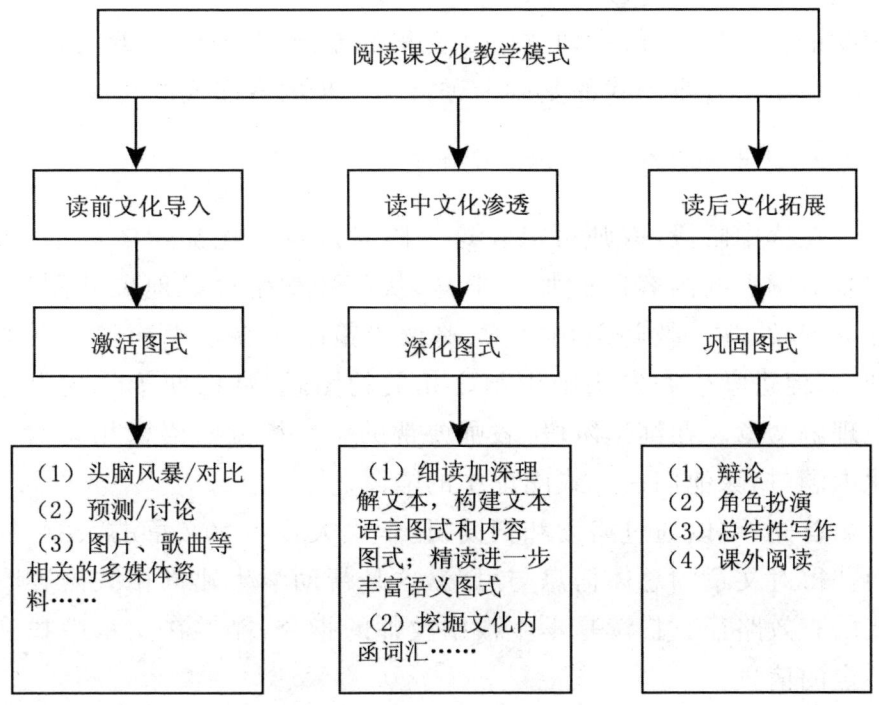

图 6-1 阅读文化图式模式

(资料来源:马苹惠,2016)

1. 读前文化导入——激活图式

(1)头脑风暴法

在英语阅读中,头脑风暴法常被用于导入环节中。学生通过这一方法可以展开丰富的联想,从而刺激头脑中形成新的图式。因此,教师在文化导入过程中要考虑话题的需要,为学生创设合理的头脑风暴,让学生更好地融入课堂中。

(2)预测与讨论

在阅读前运用图式理论时,教师应该发挥学生的推理能力。学生通过对文本材料进行解读与推理,从而刺激自身的图式。

(3)运用多媒体资料

在文化导入阶段,教师应该善于运用多媒体资料,从而让学生更好地体验文化教学的特色。通过多媒体,学生可以更直观地感受语言知识,了解中西方语言文化的差异,刺激学生的图式,让学生在激活自身图式的基础上进行下一步内容图式的拓展。

2. 读中文化渗透——深化图式

在读中阶段,教师可以在这一阶段进行文化知识的渗透,进一步对学生的内容图式加以丰富,从而让学生更好地展开阅读。在阅读教学中,教师采用扫读、略读等策略帮助学生构建灵活的图式,促进学生激发头脑中与之相关的图式,从而便于学生更好地理解文章。在细读阶段,教师要帮助学生挖掘与语篇相关的文化内涵,扫除他们在正式阅读中的障碍。

首先,可以通过略读和扫读,让学生大致了解文章的大意,从而获得对文章的总体信息与思路,这是帮助学生建构相关内容图式的有效路径。扫读是学生根据教师的指令,能够在文章中找到特定的信息。

其次,可以通过细读,根据上下文,让学生明确每一个单词的含义,尤其是那些具有文化内涵的词汇,从而丰富学生的内容图式。

3. 读后文化拓展——巩固图式

在读后阶段,主要是充分发挥学生头脑中的记忆功能。一般来说,读后文化拓展的方法主要有如下几种。

第一种是辩论。教师可以针对文本材料中的相关内容,选取一些视角展开辩论,学生在辩论中对与文本相关的内容图式加以巩固。同时,通过辩论,学生也可以更好地理解文本的文化内涵与文化背景知识。

第二种是角色扮演。学生通过学习与文本相关的文化知识,从而丰富自身的文化内容。然后,学生带着角色有目的地重新阅读文本,教师引导学生对文本进行改编或者情景模拟,从而激发学生学习的兴趣和积极性,提高他们在真实语境下对文本综合运用的能力。

第三种是总结性写作。这一方式有助于学生加深对文本的理解,让学生将文化知识从短时记忆转向长时记忆。

第四种是课外阅读。除了课后巩固之外,教师还应该鼓励学生展开课外阅读。通过大量的课外阅读,学生可以提高学习的自主性,而且还能在阅读中不断丰富自身的内容图式。

第四节 文化自信视域下大学英语写作教学的策略与路径

在大学英语技能教学中,写作教学是其重要的一部分。通过写作教学,学生能够不断提升自身的写作能力与思维能力,提升自己情感表达的水平,从而促进自身写作学习的动机。但是,大学英语写作教学也会受到文化因素的影响,因此需要将文化渗透其中。本节就来分析文化自信视域下大学英语写作教学的策略与路径。

一、大学英语写作教学简述

(一)写作的内涵

写作在人们的日常生活中是非常常见的。对于写作,不同的学者对其解释不同。

瑞密斯(Raimes,1983)认为,写作涉及两大功能:一是写作者为了语言学习而进行写作,通过写作来巩固语言知识;二是为了写作而写作。

王俊菊(2006)认为写作是一个复杂的活动,是对信息进行加工的活动。

虽然解释不同,但是对写作的本质认识具有相似性,即写作是写作者用于传达思想与信息的过程,其中要求写作者具备多项技能,能够有效传达信息。

(二)大学英语写作教学的现状

1. 写作课程设置缺乏合理性

一直以来,英语写作教学的地位得不到重视,在课程设置上也不能凸显其合理地位,很多高校在英语写作的课程设置上存在不合理之处。例如,很多高校并没有设置专门的英语写作课程,这导致英语写作课时特别紧张,总是得不到合理进行。再如,英语教师在综合英语课程的讲解过程中往往先讲解词汇、课文,然后安排听力练习、阅读练习,进而让学生完成课后练习题,等这些环节结束之后,一堂课的时间也就消耗完了,根本没有时间来教授学生学习英语写作方面的知识,这让学生形成了英语写作是可有可无的观念,对英语写作的学习是十分不利的。

2. 写作教学目标缺乏系统性

学生英语写作能力的提高是一个循序渐进的过程,并不是一蹴而就的,这就要求英语写作教学的目标也应该体现出阶段性、渐进性的特点。然而,就当前的英语写作教学目标而言,总体目标与阶段性目标之间严重脱节,存在不协调的情况,这对学生写作能力的提高是十分不利的。

3. 学生的语言质量不过关

很多学生在使用英语写作文的时候往往不会使用地道的英语表达方式,所写出的英语句子存在大量语法错误,甚至还有很多单词也都拼写错了。英语与汉语存在很大差异,英语词汇在词性、用法、词义、搭配等方面都有自己的鲜明特点,如果学生按照汉语的逻辑思维来组织英语作文,那么显然就会出现各种语言知识点层面的错误。

第六章 文化自信视域下大学英语基本技能教学的策略与路径

4. 学生的中式英语现象严重

中国学生长期生活在汉语的环境下,受中国传统文化的影响比较深刻,也形成了相对固定的汉语思维习惯。然而,英语思维与汉语思维存在较大差异,汉语思维自然会影响到大学生的英语学习进程,并且往往会带来各种消极影响,"中式英语"就是其中的一个突出表现。很多学生使用汉语的表达方式来写英语句子,所写出的句子往往词不达意,呈现出中式思维习惯,这一现象所带来的后果是比较严重的。

二、大学英语写作教学中的文化因素

(一)词汇层面

词汇与文化有着密切的关系,是语言中最为弹性与活跃的部分,是文化负荷量最大的部分。因此,要想对英语词汇有真正的了解,就需要明确词汇的文化内涵。英汉语属于不同的词汇体系,词汇含义不可能是完全对应的。有的学生认为,只要掌握了一定的词汇量,那么就可以凭借常识与习惯去了解不同的文化。当然,英汉语中存在一些耦合的现象,但是耦合的并不多。如果仅仅从自身经验与文化立场出发,恐怕很难了解英语中的一些惯用法。

(二)句子结构与段落篇章层面

除了词汇,文化因素也会对句子结构与段落篇章产生影响。在句子结构上,英语思维是先直接传达重要信息,然后再传达次要信息。尤其是表达复杂的思想时,英语习惯开门见山,先把叙述的重点放在开头,然后再运用各种手段展开分述。在西方人的观念中,文章是否连贯取决于连词的使用是否符合逻辑。但是汉语中连词很少,句子与句子的逻辑是通过内容体现的。

在段落布局上，中西方思维出现了螺旋式与直线式的差别。英语直线型的思维要求开篇点题，一般会在首句点出主题，每一段的主题句与文章主题相呼应。之后每一段的具体内容与整个段落的首句呼应。但是相比之下，汉语往往采用螺旋式的思维，即先进行渲染，然后在结尾点出主题。

三、文化自信视域下大学英语写作教学中文化意识的培养

（一）文化知识积累法

在文化自信视域下，大学英语写作教学应该重视让学生积累丰富的文化知识，摆脱汉语负迁移作用对学生英语写作的影响。在日常的写作中，如果学生遇到困难的句子，他们往往会选择用汉语思维对句子进行组织，导致出现了明显的语言错位，这就是受汉语负迁移作用的影响导致的。

因此，在大学英语写作教学中，教师除了对学生的词汇、语法等语言知识进行训练，还需要训练他们的文化知识，避免学生出现负迁移的现象。同时，教师应该鼓励学生多进行阅读，让他们在阅读中挖掘英语国家文化知识，从而对自己的语言进行充实，写出一篇得体的文章。

（二）语块教学法

受负迁移作用的影响，学生习惯用汉语思维来对文章进行组织，这样很容易出现各种错误，如句式单一、语言不通顺等。因此，在文化自信视域下，教师可以采用语块教学法展开写作教学。

根据语块教学法，本族语者之所以能够表达顺畅，是因为他们在脑海中会存储一些各种情境下的语块，而不是某一个词。在说话或者写作中，他们可以调用这些语块，无需进行排列加工。这样的语言输出才更有速度与质量。同样，将这一理论运用到写

第六章　文化自信视域下大学英语基本技能教学的策略与路径

作教学中就是要求教师应该对学生加强语块训练,让学生脑海中形成整体的语言知识,以语块来组织写作练习,这样写出来的文章才具有整体性与格局性。

第五节　文化自信视域下大学英语翻译教学的策略与路径

翻译是世界各国之间相互沟通的桥梁,其不仅涉及语言之间的转换,而且涉及文化之间的交流。可以说,翻译是基于不同语言之间转换的跨文化交流活动,其与文化之间的关系自然不必多说。因此,在大学英语翻译教学中,教师应基于文化自信视角来培养学生的翻译能力,使学生成为能够运用翻译技能流利进行跨文化交际的英语人才。本节就对文化自信视域下大学英语翻译教学的策略与路径展开分析。

一、大学英语翻译教学简述

(一)翻译的内涵

翻译的概念是翻译理论的基础与原点。翻译理论的很多流派都对翻译进行过界定。人们的翻译活动已经有2 000多年的历史了,对翻译概念的认知也随之发生了改变。

1. 翻译的维度:从语言维度到语言—文化维度

从普通意义上对翻译内涵的论述有很多,但观点并不统一。通论式翻译概念的确立是从语言学角度来说的,并随着语言学研究的深入而不断完善与发展。

俄罗斯学者费奥多罗夫(Fyodorov)从传统语言学角度出发,指出翻译是"运用一种语言的多种手段,将另外一种语言的多种手段在形式、内容层面不可分割的统一体中所传达的东西,用完整、准确的语句表达出来的过程"。

英国学者卡特福德(J. C. Catford)从普通语言学理论视角,将翻译定义为"将源语文本材料替换成等值的译语文本材料的过程"。

英国学者纽马克(P. Newmark)认为,翻译形式是将一种语言/语言单位转换成另一个语言的过程。所谓的语言/语言单位,指的是整个文本或者文本一部分的含义。

美国学者奈达与泰伯(E. A. Nida & C. R. Taber)指出:"翻译是用目的语创造一个与源语最接近的等值物,意义为首,风格为次。"

通论式翻译概念对人们从宏观角度认识翻译有着巨大的帮助。但是,仅仅从语言角度进行强调并不全面,很难将翻译的概念完全地揭示出来,翻译的概念还应该涉及文化部分。

许钧指出:"从语言学角度对翻译进行界定是将翻译活动限于语言转换层面,这样会容易遮盖翻译所囊括的广义内涵,容易忽视语际翻译的全过程及翻译中所承载的文化。"

科米萨罗夫(Komissarov)就指出:"翻译过程不是仅仅将一种语言替换成另外一种语言,其是不同个性、文化、思维等的碰撞。"同时,科米萨罗夫还专门对翻译学中的社会学、文化学问题进行了研究。即便如此,他们下的定义还未能明确文化这一维度。

俄罗斯学者什维策尔认为翻译中应该将两种语言、两种文化、两种情境体现出来,并分析出二者的差别。在他看来,翻译可以进行以下界定。

(1)翻译是一个单向的,由两个阶段构成的跨语言、跨文化过程,在这一过程中,往往需要对源语文本进行有目的的分析,然后创作出译语文本,对源语文本进行替代。

(2)翻译是一个对源语文本交际效果进行传达的过程,其目的由于两种语言、文化、交际情境的差异性而逐渐改变。

很明显,什维策尔的定义包含了文化因素,并指出翻译是跨

第六章　文化自信视域下大学英语基本技能教学的策略与路径

文化交际的过程,强调译本语境是另一种语言文化环境。

我国学者许钧认为翻译具有五大特征,即符号转换性、社会性、创造性、文化性、历史性。同时,基于这五大特征,将翻译定义为"以符号转换作为手段,以意义再生作为任务的一项跨文化交际活动"。

显然,当前的翻译已经从语言维度逐渐过渡到语言—文化维度。

2. 翻译的传播形式:单向跨文化传播

在翻译的定义中将翻译的文化性体现出来,可谓是一个很大的进步。但是,在将文化性体现出来的同时,很多学者习惯运用"跨文化交流"或"跨文化交际"这样的说法。

翻译属于跨文化交际活动,但这大多是从历史角度对不同民族间的翻译活动历史成效进行的定性表述。

普罗瑟认为,跨文化交流活动需要的是双向互动,但是跨文化传播则需要的是单向互动。由于具体的翻译活动往往呈现的是单向过程,因此决定了翻译活动应该是一种传播活动。所以,如果确切地对翻译进行界定的话,可以将翻译定义为"一种跨文化传播活动"。

如果翻译的语言特征体现为不同语言之间的转换,那么翻译的文化特征体现的则是文化移植。当然,这种移植可以是引入,也可以是移出,由于源语文化与译语文化并不是对称的,同一个文化因素在引入与移出的过程中不可避免地会遇到不同的翻译策略。这样可以说明,无论是从语言转换的角度,还是从文化移植的角度,翻译都是单向性的。

3. 翻译的任务:源语文本的再现

在翻译的定义中经常会出现"意义"一词,其主要包含翻译的客体,即"翻译是什么?"应该说,"意义"相比费奥多罗夫的"所表达出的东西"更具有术语性,用其解答什么是翻译的问题是翻译学界的一大进步。但是也不得不说,有时候运用"意义"对翻译进行界定会引起某些偏差,因为很多人在理解意义时往往会受到结构主义语言学的影响,认为语言是有着固定的、明确的意义的。但就实际程度来说,语言的意义非常复杂。

著名语言学家利奇(L. N. Leech)指出意义具有七大类型,同时指出"我不希望给人留下这样的印象,即这些就是所有意义的类型,能够将所传递的一切意义都表达出来"。利奇还使用 sense 来表达狭义层面的意义,而对于包含七大意义在内的广义层面的意义,利奇将这些意义称为"交际价值",其对于人们认知翻译十分重要。换句话说,源语文本中的这种广义层面的意义实际上指代的都是不同的价值,将这些价值结合起来就是所谓的总体价值。

很多学者指出,如果不将原作的细节考虑进去,就无法来谈论原作的整体层面。但需要指出的是,原作的整体不是细节的简单叠加,因此从整体上对原作进行考量,并分析翻译的概念是十分必要的。

王宏印在对翻译进行界定时指出:"翻译的客体是文本,并指出文本是语言活动的完整作品,其是稳定、独立的客观实体。"但是,原作文本作为一个整体如何成为译本呢?作者认为,美学中的"再现"恰好能解释这一过程。

在美学中,再现是对模仿的一种超越。在模仿说中,艺术家的地位是不值得被提出来的,他们不过是在现实之后的一种奴仆,他们的角色如镜子一样,仅仅是对现实的一种被动的记录,自己却没有得到任何东西。换句话说,在模仿说中,艺术品、艺术表现力是不值得被提出来的,因为最终要对艺术品进行评论,都是看其与真实物是否相像。实际上,模仿说并未真实地反映出艺术创作的情况,很多人认为模仿的过程是被动的,但是在这种看似被动的情况下,也包含了很多表现行为与艺术创造力,其中就包括艺术家的个人体验与个人风格。同样,即便是那些不涉及艺术性的信息类文本,其翻译活动也不是模仿,而是译者进行的创造过程；对于那些富含艺术性的文本，模仿说更是无稽之谈了。最终，模仿必然会被再现替代。

用"再现"这一术语对翻译概念进行说明，可以明确地展现翻译的创造性，可以将译作的非依附性清楚地表现出来。因为再现与被再现事物本身并不等同，而是一个创造性的艺术表现形式，同时再现可以实现译作替代原作的功能。

(二)大学英语翻译教学的现状

1. 教学理论与实践脱节

翻译是具有实践性特征的一项语言技能，需要理论与实践的有机结合。对此，在大学英语翻译教学中，教师除了传授学生基本的翻译知识与技巧外，还需要带领学生参与到翻译实践中，在实践中验证学生对课堂知识的掌握情况。但是就目前来看，我国很多学校在翻译教学中都是理论与实践的脱节，仅传授理论，导致学生学习了大量理论知识，但无法有效运用于交际实践。

2. 教师素质有待提升

教师要教书育人，首先自身素质要高，这样才能起到榜样的作用。但目前，翻译教师的整体水平较差，很多教师翻译功底不足。在翻译教学中，很多教师也没有足够的经验，并未形成科学、规范的教学习惯，因此对于翻译人才的培养是十分不利的。另外，很多教师也并非翻译专业出身，对翻译的基础知识掌握得并不透彻，因此很难有效地开展翻译教学，更不能有效培养学生的翻译能力。

3. 学生双语能力薄弱

翻译涉及两种语言的转换，所以要想有效进行翻译，就要具备双语能力。所谓双语能力，就是两种语言沟通所需要的程序知识，包括两种语言的语用、社会语言学、语篇、语法和词汇知识。

在翻译文本中，双语能力主要体现在一定语境下的翻译能力，如连贯与衔接、语法差异等方面。但由于学生普遍缺乏语境知识，双语能力薄弱，译文常会出现连贯性不强、语法错误较多等问题。

4. 学生语言外能力不足

翻译涉及的内容和主题十分广泛，除了要具备翻译技能外，还要具备语言外能力，即关于世界和特定领域的陈述性知识。具体而言，语言外能力包括源语文化知识和目标语文化知识，也包括百科全书知识，还包括其他领域的学科知识等。但大部分学生在语言外能力上有所欠缺，文化知识的翻译表现不佳。例如：

我小的时候特别盼望过年，往往是一过了腊月呀，就开始掰着指头数日子，好像春节是一个遥远的、很难到达的目的地……

I felt particularly expected to celebrate the New Year when I was a child. After the end of Lunar December, ...

源于文化知识的欠缺，学生在翻译"腊月"一词时，误译成了the end of Lunar December，其中 Lunar 一词的确有"阴历"的意思，但不是中文"腊月"的意思。

二、大学英语翻译教学中的文化因素

(一)风俗习惯层面

中西文化差异在风俗习惯上有着显著的体现，而风俗习惯的差异对翻译也有着很大的影响。例如，在饮食方面，中西方就有着显著的差异。中国人对饮食向来十分注重，俗话说"民以食为天"，中国人不仅讲究吃，而且追求美味，将美味作为评价食物的最高标准。而西方人在饮食上非常注重营养，往往以营养作为饮食的最高标准。在西方人的饮食观念中，维系生命，保持身体健康，是饮食的主要目的，饮食并不是为了享乐。在饮食对象方面，西方人主要以面包为主，而中国人则通常以米饭或面食为主食，这种差异在翻译中体现得很明显。例如,英文中有 a piece of cake 这一短语,如果直译为"一块蛋糕",会让读者感到莫名其妙,不知其意,这是因为蛋糕在中国人的主食中并不常见。但是,如果将其译为"小菜一碟",那就很容易为中国读者所理解。同理,在汉语中有"画饼充饥"这一成语,译者在翻译时最好译为 draw a cake and call it a dinner,这样会更容易被西方读者理解。

(二)思维方式层面

中西方的思维方式存在明显的差异,这在语言上有明显体现,因此必然会对翻译产生重要影响。例如,对于同一事物,由于思维方式不同,语言表达也不同,如"红茶"与"black tea"相对应,"红糖"与"brown sugar"相对应。如果将"红茶"翻译成"red tea",将"红糖"翻译成"red sugar"必然会闹出笑话。

(三)词义意象层面

语境不同,词汇的联想意义也不同。例如,black holes 这个词不仅可以翻译为"黑洞",也可以翻译为"军营中的牢房",具体如何翻译,需要根据具体的语境来确定。如果对这两种意象不了解,很容易出现翻译的错误。

三、文化自信视域下大学英语翻译教学中文化意识的培养

(一)文化导入法

在大学英语翻译教学中导入中国文化是很有必要的,教师可以采用以下方法来丰富学生的文化知识,培养学生的文化意识,为学生翻译水平的提高奠定基础。

1. 比较法

在大学英语翻译教学中,教师可以采用比较法来进行中西方

文化教学。具体而言,就是教师在翻译教学中向学生解析英汉民族文化差异,将英语运用能力与跨文化能力结合起来进行培养,使学生同时掌握语言知识和文化知识,进而培养学生的跨文化意识和翻译实践能力。例如,在教授关于动物的翻译时,教师可以引导学生对比英汉动物的文化内涵差异,进而在丰富学生文化知识的同时,避免学生造成误译。

2. 课外补充法

课堂教学是学生接受知识的主要场所和途径,但课堂时间毕竟有限,加上翻译课时较少,因此学生很难通过课堂教学全面掌握翻译知识和进行翻译实践。但学生的课外时间相当充足,教师可以对此加以充分利用,引导学生在课外进行自主学习。具体而言,教师可以鼓励学生在课外阅读英美书籍,观看英美原声电影,或通过网络查阅与学习相关的资料等。这样不仅能培养学生自主探究的精神,还能提高学生的文化意识,培养学生的翻译能力。

(二)归化与异化结合法

在翻译策略选择上,归化策略与异化策略是两种重要的翻译策略。由于英汉语言的差异,翻译实践中如果仅依靠一种策略是很难完成全部翻译内容的,只有将二者结合起来,并进行灵活的处理,这样才能使翻译出的文章更为完美。

第七章 文化自信视域下大学英语教学中的"中国文化失语"现象

在英语教学中,对英语文化的关注已经成为学生英语学习的必然选择。但是不得不说,学生学习语言不仅需要学习好目的语文化,还要学会运用目的语文化对本民族文化进行输出。只有掌握了双重文化,学生才是真正地学好了语言,才符合时代发展对应用型人才的要求。现如今,很多学生在交际中并不具备传播中国优秀文化的能力,这种"中国文化失语"现象与英语教学中只关注目的语文化、忽视母语文化有着密切联系。基于此,本章就对文化自信视域下大学英语教学中的"中国文化失语"现象展开研究。

第一节 中国文化与"中国文化失语"

当前,我国的英语教学强调对英语文化的教与学,而母语文化在英语教学中显然不受重视。也就是说,无论是教学研究者,还是教师,都缺乏对母语的认识,也缺乏对母语在教学中的作用的认识,教学中过分强调母语在外语教学中的负迁移作用,忽视了母语文化的正向导向作用。这就导致我国很多地方的英语教学都是对英国英语、美国英语的简单模仿,并未与中国的社会现实结合起来。

英语教学是向社会传输英语人才的关键,学生是社会的中坚力量，他们对中国文化的理解与认同态度，直接影响着中国文化软实力的构建与中国文化的全面发展。在全球化大背景下，中西方文化之间碰撞与沟通，旧文化逐渐解体，新文化逐渐形成，这都离不开教与学的作用。在这一过程中，学生需要经历一定程度的文化困惑与挑战，因此对"中国文化失语"现象的探索显得非常有必要。

也就是说，我们应该充分利用英语教学这一领域，对学生实施文化教育，注重提升学生的中国文化表达能力，通过对中西方文化进行比较，让学生明确中西方文化的差异性，有意识地创设恰当的文化氛围展开交流与合作。这样不仅有助于提升自身的综合语言能力与民族文化素质，还能增强自身的民族自信心与自豪感。本节首先对中国文化与"中国文化失语"现象展开分析。

一、中国文化

（一）中国文化的内涵

中国文化尤其是中国传统文化，是相较于新文化形态而言的，是文明演化而汇集成的反映民族特质的文化，可以简单地将中国文化理解成一个民族的文化遗产。

2014年的中共中央政治局第十三次集体学习中，习近平主席指出："博大精深的中华优秀传统文化是我们在世界文化激荡中站稳脚跟的根基……积淀着中华民族最深层的精神追求，代表着中华民族独特的精神标识。"也就是说，中国传统文化就是在中华民族的发展历史中产生、形成和发展的，具有浓厚民族特色的各种人类文化活动的总称。一般来说，中国传统文化具有以下特点。

(1)世代相传，在不同时期有不同变化，但本质没变。

(2)民族特色，民族特有，区别于其他民族。

(3)历史悠久，传承千年，影响至今。

(4)博大精深,内容丰富。普及广,有深度。

(5)融入百姓生活。

(二)中国文化的特征

中国文化有着悠久的历史,在不断传承的过程中具有了自身的特色,并在世界融合中不断发挥自身文化的作用。下面从宏观视角出发对中国文化的特征进行探讨。

1. 重伦理与道德

中国文化是一种重伦理的文化,根据中国传统说法,其又可以称为"崇德型"文化。以血缘关系为主要纽带的宗法制度一直以来都是中国文化最重要的社会根基,它在很大程度上决定了中国的社会政治结构及其意识形态。

在这种家国同构的宗法观念下,"天下如一家,中国如一人",个体被包围在群体之中,因此中国人十分关注家庭成员之间的人伦关系。人伦关系的确立主要是为了明确个体在家庭中的责任与义务,如父母对子女的抚养义务、子女对父母的赡养义务等,这也是儒家倡导的"人道亲亲"。基于这一传统观念,能够引申出父亲关系、长幼关系、朋友关系等。当这种忠孝思想得到推广之后,人们就可以采用正确的方式处理人与人的关系、人与社会的关系。

2. 重和谐与融合

一直以来,中华民族具有一个非常突出的特征,那就是在中国文化形态中,人伦关系始终都占据着一个重要的、不可替代的位置。这一关系让中国人和谐地凝聚在一起,具有强大的民族向心力。

中国重和谐的特点首先表现在人与自然和谐相处的关系上,强调"天人协调"。《中庸》中提到的"与天地参"就是这个意思。

在中国古代的时候,天人协调说与天人合一说都不否认人就是能够通过一定的行为在一定程度上改造、调节、控制并引导自然。荀子就曾明确地提出"明于天人之分"和"制天命而用之"的说法。但是,肯定的同时,他们也会认为人在自然这种整体环境中依旧处于一种辅助性地位,人既应对自然进行一定的改造,同时还应对自然有一定程度的适应。

实际上来说,人类所发起的相关活动最终的目标并不是为了能够统治自然、征服自然,而是可以通过适当的调整,对自然进行一定的改造,最终使其变得更加符合人类所提出的具体需要,与此同时,在进行相关改造的过程中,整改计划也应该讲究策略,既不能以大肆地破坏自然的布局结构为代价,又必须让自然界所存在的万物正常发展,避免受到负面极端的影响。

因此,在中国的传统文化中,十分讲究"大乐与天地同和"和"上下与天地同流"。总而言之,中国的古代思想家都具有共同的一个特征,那就是特别重视人与自然之间所存在的和谐关系。

除此之外,中国传统文化还具有一个十分明显的特征,那就是人与人之间的关系,一直以来,中国的传统文化都极力主张"贵和尚中"。协调人际关系一直都被中国的文化放在一个首要地位,所以极力地强调和谐也是一种必然。

社会中必须存在不同思想的正常交流,只有这样,人们才会为了达成一致进行沟通,在沟通的过程中就会构成一定的和谐;如果社会中不存在不同的思想,每件事物都是一味地趋同,甚至会形成一种同流合污的局面,那么对于社会而言,俨然失去了所谓的意义,没有了正常的和谐气氛,只能到处都充斥着一些小人的世界。

如果往范围宽大了说,就是合理利用这个原则,针对民族之间、邦国之间所存在的关系做一个合适的处理,以道德修养和教化为本,以治理好自己的家园为前提,并以此去感化其他的民族和邦国,最终达到一个"协和万邦"的理想画面,这是中国爱好和平的一种优良传统。

3. 重实际与稳定

几千年来，在黄河与长江的长期孕育下，华夏大地的土壤变得肥沃、四季分明，正是因为具有如此得天独厚的条件，便进一步为早期先民们的具体生存繁衍提供了优越的地理条件。

在古代，因为条件、学识有限，因而生产工具的发展速度相对较慢，甚至长期处于一种落后状态，致使生产力水平低下，但是，从整体来看的话，人口与土地的比例还是保持一种相对适中的情形，只要不受到大型自然灾害或是兵荒马乱的影响，保持每日能够做到日出而作，日落而息，凿井而饮，先民们可以年复一年，世世代代平静地生活下去。

基于此看来，老子提出的小国寡民理想，孟子提倡的仁政规划，陶渊明所向往的优美田园风光，是真实存在的，并不是虚无缥缈的，这都是对农业文明中生活理想的一种真实写照。中国自古就是以农业为根基，因此农业生产的节奏与整个国家政治、经济、文化生活的节奏始终都是息息相通的。

4. 重理性与人文

封建时期，除了中国，所有的国家和民族几乎都处于一种被宗教统治的环境下。而细究中国，自西周开始的时候，其实就已经出现了关于"重民轻神"的思想，比起重视神的旨意，人们往往更在乎现实中的自身多一些。长久以来，"敬天保民""明德慎罚""民之所欲，天必从之"一直都是西周统治者所信奉无疑的信条。

春秋战国时期，由于受到西周的影响，理性主义和人文精神更是在很大程度上加以发展，于是它们在士文化中所具有的统治地位也就毫无疑问地确立了。具体说来，关于士文化，人文是其活动领域和研究对象的主要目标，也正是有了明确的出发点，才能够始终做到坚持以人为本的人文主义明确立场，对于一些鬼神、生死之类的宗教问题完全可以置之度外。

在西方封建时代的中世纪，占到重要统治地位的就是宗教，所以政教合一的局面也是由此形成,通常来说,教权、神权要比皇权的位置更高,这主要和他们的信奉有着很大的关系。

一直以来,基督教都认为宇宙的创始者和主宰者是来自上帝的旨意,伊斯兰教则认为真主是万物之主,这样,他们就把自己的一切都托付给自己心中所信奉的"上帝"和"真主",使得人与"上帝"和"真主"之间形成一种绝对的依附关系。

于是,他们发自内心地信仰自己的"上帝"和"真主",对于一些诫令或是旨意他们都会选择积极地遵守,把自我奉献给他们,在精神上与"上帝"和"真主"合为一体,这也就成了中世纪西方人精神生活的主要特征。为此,在中世纪的西方哲学史中,对"上帝存在""灵魂不死"进行论证是许多唯心主义者研究哲学的重要课题。

中国的儒家思想就是大力弘扬理性的精神,排斥宗教的同时,还深刻地对于宗教所提倡的有神论思想作了相关的批判。无论是唯物论还是无神论的传统思想,都在很大程度上给人文主义、理性主义带来了有力的支持。因此,中国的哲学中,除了唯物论哲学家对于无神论进行主张,还有许多唯心主义者也都与无神论在一定限度内结合在了一起。

中国传统文化之所以能够超越其他国家,成为封建时代文化的突出标志之一,最重要还是因为中国传统文化本身就具有一种非常浓厚的理性主义和人文精神的显著特点。

二、"中国文化失语"

"中国文化失语"这一概念是2000年由南京大学从丛教授提出的,并发表了《"中国文化失语":我国英语教学的缺陷》一文。在该文中,从丛教授多次表示中国很多学生的英语水平很高,但是无法与外国人打交道,即无法运用恰当的英语与外国人进行交流,无法将中国文化表达出来。

自从"中国文化失语"这一概念被提出,很多研究者也进行了深层次的研究,并取得了丰硕的成果。英语教学也顺应了时代变革,将文化教学引入英语教学之中,但是大部分学生在跨文化交际中仍旧不能用目的语将中国文化准确地表达出来。

文化教学没有优劣之分,只有区别,在对西方文化进行学习的同时,不要忘记将中国优秀的传统文化传达出去。基于中国当前的背景,我国的英语教学必须进行改革,如在大学英语教材中补充中国文化的内容,大学英语四、六级考试中增加了中国文化的翻译等。

第二节 大学英语教学中"中国文化失语"的现状

大学英语教学改革在如火如荼地进行,但是当前的大学英语教学仍存在明显的文化失语现象。具体表现在如下几点。

一、不恰当的母语迁移

母语与英语具有很大的文化差异,具体表现在结构、逻辑等方面。学生最早接触的是母语,并且长期生活在母语的环境里,而只是从学龄阶段才开始学英语,因此母语已经深深地扎根于学生的大脑中。学生可能会因为非常习惯母语而不自觉地将母语知识迁移到英语中,进而导致种种或大或小的错误,这种现象就是负迁移。负迁移无疑是一种对英语学习的干扰力量或者制约因素。在负迁移影响下,学生容易产生生硬不自然的表达方式。例如:

正确的语言表达:What can I do for you?(你想买什么?)

负迁移后的语言表达:What do you want?

在本例中,如果一个中国售货员对一个外国顾客说"What do you want?"外国顾客就会认为这句话的意思相当于"What do you want to buy?"我们都知道,外国人对待隐私的态度和我们中国人是不同的,他们的隐私范围较大,我们认为并不隐私的事物在他们看来就是隐私。例子中负迁移后的表达方式在外国顾客眼中就是探究隐私的一种问话,会引起外国顾客的反感情绪。

二、不了解汉、英词语的文化差异

由于英语和汉语的语言文化差异,所以英语词语和汉语词语无法一一对等。因此,英语学习者不能从字面意义推断出说话人的真正用意。由此,我们可以猜测,英语学习者对西方文化中的其他元素也是知之甚少的,包括习俗、思维与心理等要素。这就导致英语学习者在与英语本族语者交流时,会用自己的文化立场看待英语语族者的话语,从而使交际陷于尴尬境地或引起一些误解。例如:

英语老师:Can you answer this question?

中国学生:Yes.

在本例中,课堂上的外教老师问学生"Can you answer this question?"实际上是预期得到学生关于问题的答案以及具体解释,但是学生只是简单回答"Yes."而没有后文,显然学生只是按提问的字面意思回答,没有理解外教老师的真正用意。

三、违反英语语言习惯

英语学习者可能因为不了解英语的语言习惯,而造成语言表达方式上的误用。例如:

错误的表达:I am sorry.

正确的表达:Excuse me.

在上述例子中,具体情景是这样的:一位外国友人在无意识中挡住了中国学生的道路,中国学生想要外国友人让路。我们中国人想要别人让路一般都会说"对不起",中国学生就将汉语的语言习惯套用在英语上，因此就说"I am sorry"，但是殊不知在英语国家想要请求别人做事应该说"Excuse me"，这才符合英语语言习惯。可以想到，外国人在听到中国学生说"I am sorry"时，肯定是一头雾水。

近年来，越来越多的学者开始关注"中国文化失语症"和外语教学的关系这个话题，他们开始关注本土文化教学以及目的语文化教学的互动。从丛教授提出，应当在英语教学中充分灌输中国文化的有关表达，并且应当合理配置教学资源，使得用英语进行交流的学者和国人拥有坚定的文化主体性和文化操守。在英语教学中融入中国传统文化，既可以提高学生的跨文化交际能力，又可以把中国五千年璀璨文化发扬光大。

四、英语学习过于功利性

很多学生的英语学习具有明显的功利性，即学生学习英语就是为了通过考试，可能是为了顺利进入大学，也可能是为了以后找到一份好的工作。同时，他们的学习仅仅注重对英美文化的学习，忽视中国文化的学习，这就完全与以英语为载体的初衷相悖，也很难实现向世界传播中国文化的目的。

五、母语文化表达能力薄弱

当前，很多学生存在着明显的母语文化表达能力薄弱情况，即不能用英语解释母语文化，是中国文化缺失的一大重要表现。很多学习者因不了解本国文化，即使精通英语，也无法用英语准确表达。例如，在交际过程中论及太极、八卦、清明节、重阳节等中国文化表达时，很多学习者都会不知所措，无法有效地加以解释。

第三节 大学英语教学中"中国文化失语"现象产生的原因

目前,很多学生能够用英语进行交流,但是对于我国传统节日、文化习俗等方面的内容,他们却不知道如何解释、如何演绎。这就说明在当前的英语教学中,虽然完成了英语知识教学与听、说、读、写、译技能教学,但是运用英语表达中国文化的教学还很欠缺。这主要有两个层面的原因:一是由于英语词汇量的欠缺,二是由于对中国传统文化不了解。无论是哪一种原因,都导致学生无法用英语阐释中国文化,这不仅影响学生的自我发展,还会对中国文化的跨文化传播带来障碍。根据当前我国大学英语教学中对母语文化的重视程度可以发现,母语文化缺失并不是没有依据。本节就来分析大学英语教学中"中国文化失语"现象产生的原因。

一、对"文化"概念的理解有误

众所周知,英语教学不仅是语言教学,还是文化教学,并逐渐成为现在外语学界的共识,因此在英语教学中导入文化显得尤为必要。但是,根据近些年对文化教学的研究不难看出,大都对如何导入目的语进行研究,而忽视了母语文化的导入。同时,英语教材中也多涉及目的语文化,很少介绍母语文化的相关内容。当然,英语教学中重视目的语文化的教学是无可厚非的,但是对母语文化的忽视将会让人们走入一个误区:英语文化教学即目的语文化教学。

李岚清曾经说:我们的学生学了多年的英语,但是连"What do you usually have for breakfast?"都很难回答上来。这是因为,学生不知道如何用英语表达馒头、稀饭等。现在,很多学生一提

第七章 文化自信视域下大学英语教学中的"中国文化失语"现象

到西方的情人节、圣诞节,就滔滔不绝,但是提到中国的节日就很迷茫,不知道如何用英语进行表达。这不得不让我们反思一下当前的英语文化教学,是否真正达到了文化教学的实效。

显然,任何外来语言的学习都离不开母语文化的学习这一基础,如果脱离了对母语文化的学习,那么就会让学习成为无本之木。当然,在过分强调目的语文化导入的时候,我们是否应该对"文化"的概念进行反思,考虑如何实现母语文化与目的语文化并重。

二、教师欠缺本土文化修养

对于英语教学而言,教师始终是策划者与引导者,他们自身的文化修养对学生具有潜移默化的作用。在现实条件下,很多教师由于受自身的教育背景与固有意识的影响,既不能在语言文化教学中提升自身的本土文化意识,也很难对学生进行恰当的、有效的文化输入,并且未展开对学生汉语技能的训练。

显然,我们当前的教育体系使人们形成了一种定式:学习英语即学习英语国家文化,而汉语文化似乎与英语学习无关。但是,这恰恰是一个本末倒置的现象。著名学者束定芳教授认为,随着全球化进程的加快,中国学术与文化已经成为国家战略的重要组成部分,也是当今人文交流与世界融合的一部分。因此,当前的英语教学必须是培养能够服务于"中国文化走出去"的人才。

三、对文化教学理解存在偏误

对文化教学的片面理解是导致"中国文化失语"的重要原因之一。很多人都片面地认为文化教学就是在教学中单纯地导入英语文化知识,而忽视了本土文化的输入。社会对英语人才的需要不仅仅是需要具备英语语言文化能力的人才,还需要懂得中国文化的英语人才,但现在英语教学中的文化教学没有充分重视中国文化之英语表达,现在的教师、教材以及教学方法都忽视了这种学习需求,最终导致了"中国文化失语"现象的产生。

目前,关于如何在英语教学中导入英语文化的研究有很多,但关于中国文化在英语教学中发挥的作用与影响的论述甚少,这种文化教学的"逆差"最终导致学生失去对中国文化价值和审美的认同感,缺乏对中国文化的基本了解,很可能使得学生一味地追寻英语文化而否定中国文化,最终导致中华文化的缺失。

不可否认,在英语教学中侧重英语文化是必要的,因为英语文化的导入是一个必要的环节。但是,只在英语教学中融入英语文化并不是成功的文化教学,真正意义上的文化教学应遵循对比原则,在必要的时候应融入母语文化。

第四节 文化自信视域下改善大学英语教学中的"中国文化失语"现象

自"一带一路"倡议提出以来,我国与其他国家的交往日益紧密,这就导致国家对跨文化交际的人才需求越来越大。"文化自信"的提出更是肯定了中国优秀的传统文化,坚定了英语教学中必须重视文化教学,引导学生坚持自身的文化立场与态度,认识到跨文化交流是一项平等的、双向的交流。那么,如何在跨文化交际中将我国文化正确地传达出去呢?本节就来具体分析文化自信视域下改善英语教学中"中国文化失语"的具体策略。

一、整合教学资源,建立教学团队

为了凸显英语的学科属性,一些学校开设了一些与中国文化相关的选修课程,如中国传统文化、中国思想史、中国传统经典导读等。这些课程的设置实际上扩充了学生的学习资源。此外,教师应该对资源进行整合,包含教材、参考书目、课程大纲等,以构

第七章 文化自信视域下大学英语教学中的"中国文化失语"现象

建完备的教学体系。

另外,在英语教学中,教师承担着双重任务,既教授语言知识,又传播文化知识。所以,教师跨文化交际素质的高度直接影响着大学英语教学的效果。教师要想向学生输入中国文化知识,不仅要有深厚的文化功底,还要具备较高的文化意识和素养,以及一定的教学技能,让学生吸收和内化文化知识,并灵活运用于实践。同时,教师要有用英语传播中国文化的能力,用英语谈论中国文化,从而提高学生的学习兴趣,增加教学的实用性。教师要培养学生跨文化交际的敏感性,同时要引导学生树立文化交流的平等意识,培养他们对异文化的宽容态度,以使他们在日后的对外交流中从容不迫。因此,为了培养学生的跨文化交际能力,传播中国文化,教师要不断增强自身业务能力,深入学习中外文化的精华,拓展关于文化方面的研究领域,增强自身的综合素质,提高跨文化交流能力。

二、优化教材内容,开发教学资源

为了保证我国的英语教学更符合学生的需要,很多学校引入原版教材,这些教材可以让学生感受英语文化,但是其中涉及的中国文化内容几乎没有或者很少。因此,这就导致"中国文化失语"现象的发生。同时,在教学中,关于中国文化的内容很少,这对于提升学生的跨文化意识是非常不利的。

基于这样的现状,相关部门应该对中国文化的英文教材进行系统的编写,同时进行中西方文化对比教学,这样才能加深学生对中西方文化的了解与把握,发掘自身对本民族文化的认同感,增强对本民族文化进行传播的意识。

众所周知,我国对外交流的目的是让世界了解中国,让中国走向世界,因此英语教材在编写时除了要介绍英美文化,还要增添富有中国文化特色的文章,从而不断增强教材的实用性。

此外,学生难以用英语表述中国社会生活的现状是"中国文

化失语"现象的重要体现,因此教材的编写应增加中国文化的英文表达方式。例如:

《诗》*The Book of Poetry*

《书》*The Book of History*

《四书》*The Four Books*

《五经》*The Five Classics*

叩头 kowtow

馄饨 wonton

宣纸 rice paper

孝子 dutiful son

京剧 Beijing Opera

拜年 a New Year visit

冰糖葫芦 a stick of sugar-coated haws

三、注重平等意识,建立文化身份

在英语教学中,要不断培养学生成功的跨文化交际意识。所谓成功的跨文化交际意识,不仅仅指的是单向的意识,即只达到目的语文化认同的交际,而是应该发挥学生的主体意识,培养他们的文化独立身份。

与传统的交际观相比,中国当前的经济发展需求已经不再是单方面地迎合目的语文化的交际,而是需要输出本土文化,这正符合国家交流的需要,也是对中国传统文化的弘扬与发展。

近些年,很多外国人士渴望对中国文化的了解,尤其是当春节来临时,很多元首纷纷发来贺电与祝福,这些细节都说明了中国文化在国际交流中有着非常重要的地位。这就要求我们应该切实找到输出本土文化的路径。那么,文化教学就充当了一个重要工具,而改变学生的跨文化交际意识是一条捷径。

也就是说,在英语教学中,要培养学生正确的文化价值观,鼓励他们能够平等、独立地进行跨文化交际。因为不同文化是没有优劣之分的,只有区别,对目的语文化的积极适应有助于人们更好地理解对方文化,并客观地将母语文化展示出来,这样才能得到对方的尊重。

在这一方面,教师应该引导学生改变自身的意识和观念,培养他们在文化交流中的平等意识,只有在思想上实现了平等,才能在学习实践中给予两种文化平等的关注,使他们成为一名中国文化的优秀传播者。

四、改革课程体系,传播中国话语

(一)课程实施——开展中国话语

文化自信的形成有着深层的规律,文化认知是文化自信形成的前提,文化交流是文化自信形成的条件,而文化话语权是文化自信形成的关键。因此,文化自信的形成需要具备三个要素:文化认知、文化交流、文化话语权。要想培养学生的文化自信,英语文化教学中应该突破语言学教育的阻碍,开展语言学教育,即在具体的文化课程实施过程中,应该基于语言、超越语言、走向文化。基于文化的话语中介性质,这一过程可以以中国话语作为抓手,围绕中国古代、当代、现代等的一些文化事件,实现语言表征与文化意识之间的优化与驱动,具体如图 7-1 所示。

图 7-1　语言、话语、文化三者的关系图

(资料来源:张雁,2017)

从图 7-1 可以看出,在"文化自信"视域下的英语文化教学中,认同文化课程是师生在具体的情境下共同合作、创新的过程。在这一过程中,谁来担当课程主体、如何促发课程机制、如何丰富课程媒介是非常关键的。

以"中国梦"话语生产为例,阐释"文化自信"视域下英语文化教学的主要流程,如图 7-2 所示。

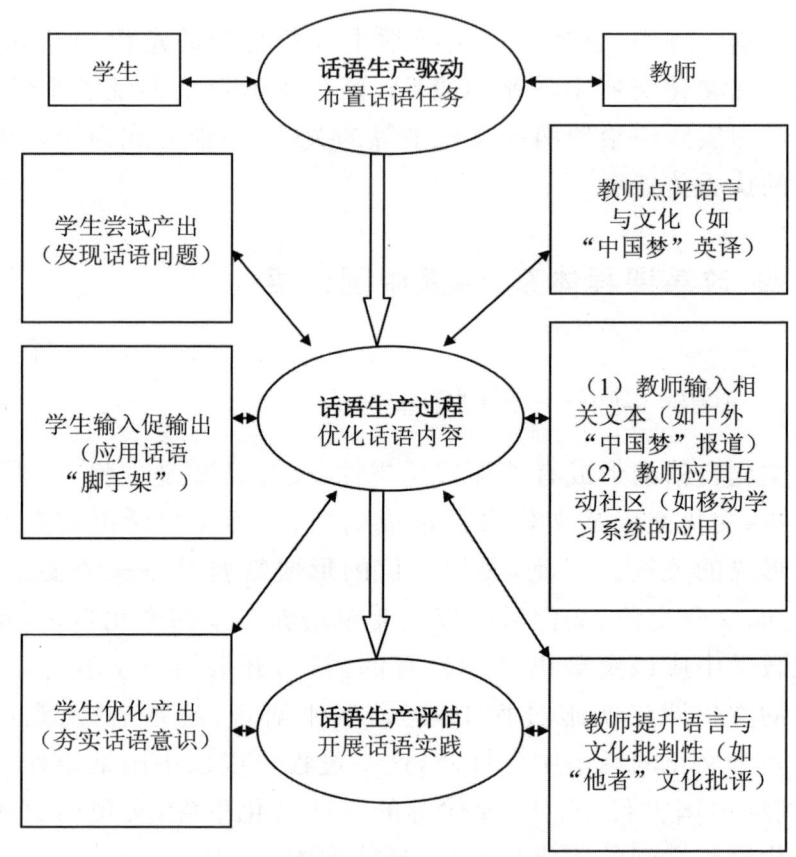

图 7-2 "文化自信"视域下英语文化教学流程图

(资料来源:张雁,2017)

通过图 7-2 的教学流程,"中国梦"话语生产有效地促进了学生本土社会生活与文化的价值意识、叙事能力的提升,也发挥了语言的文化批评在"文化自信"培育中的力量。

(二)课程评价——认同中国价值

泰勒认为,从本质上说,课程评价考量的是通过课程内容与课程实施,课程目标的完成情况。文化自信是一种认知,也是一种态度。在"文化自信"视域下,英语文化教学能否实现课程目标,主要评估的是学生课前与课后的文化自觉、文化自信、文化自省是否发生了变化。具体来说,在文化自觉上,学生通过课程是否促进了自身本土价值与文化意识的认知发展;在文化自信上,学生通过课程是否促进了自身主体身份、精神生活质量的发展;在文化自省上,学生通过课程是否促进了自身辩证文化态度与文化批评意识的提升。

文化是表意的实践活动,是一种特殊生活方式的描述,通过对学生中国英语输出能力与话语实践行为的考量,"文化自信"视域下的英语文化教学目的在于实现知行合一,这也是最终的目的与宗旨。

五、树立文化自信,传播中国文化

文化自信是对文化的一种信心、信念,是一个国家对自身发展的坚定信心,是一种自豪感。基于当前的社会形势,学生应该树立文化自信,努力传播中国传统文化。

课内外教学活动的开展是改善大学英语教学中的中国文化失语现象的直接手段,也有助于树立文化自信。

(一)利用课堂教学,补充中国文化知识

在英语教学中,教师可以根据具体教学情况适当补充一些中国文化知识,使学生在学习英语知识的同时了解本民族灿烂的文化,提高自身素质。

例如,《大学英语》修订版第一册 Sailing Round the World 讲述了 Francis Chichester 的环球航行。在讲授时,教师可以向学生增添中国历史上类似的事件,如郑和下西洋、张骞出使西域的故事,这些都体现了中华民族的精神。

教师合理融入母语文化背景知识,可使学生更加容易掌握英语知识,也能让学生充分了解中国文化,有利于增强学生作为中

国人的自豪感,增强学生的民族精神。此外,通过这种教学方式,还能使学生接触和掌握关于本国民族文化的英语表达,进而能够扩充学生跨文化交际中的语料。

(二)开展课外活动,加强中国文化渗透

英语教学中的课堂时间是十分有限的,但有着充足的课外时间,对此教师可鼓励学生将课外时间充分利用起来,引导学生多渠道地获取信息。为了多渠道、全方位地让学生吸收中国文化知识,教师可引导学生充分利用课外时间,从而扩大学生的知识面,提高学生的跨文化交际能力。

一些有条件的学校聘请一些有造诣的专家学者进行专题讲座,鼓励学生积极参与,让学生接受较为系统的英语文化、中国文化的教育。这种专题讲座主题突出、内容丰富,可有效扩大学生的视野,获得更多的英语文化和中国文化知识。

此外,教师还可以引导学生利用课外时间阅读一些介绍中国文化的英文作品。例如:

《吾国吾民》(*My Country,My People*)

《生活的艺术》(*The Importance of Life*)

《孔子的智慧》(*The Wisdom of Confucius*)

六、改革评价体系,促进文化教学

在英语教学中,评价是不可或缺的环节,是教学的"助力器",因为在中国的教育教学中,如果没有评价体系的参与,学生也会失去动力。教学评价是根据教学目标对教学过程与结果进行价值判断并为教学服务的活动。通过对当前的英语教学进行研究可以发现,教学评价基本上不包括中国文化意识方面的内容,即便学生储备了大量的中国文化知识,如果缺乏与之相匹配的评价措施,学生也无法了解自己对文化知识的掌握是否达到一定的学习标准,教师也无法对学生的学习情况进行反馈,久而久之,学生

第七章　文化自信视域下大学英语教学中的"中国文化失语"现象

就会丧失学习中国文化的积极性。

基于此,在具体的教学过程中,教师应制订包含中国文化在内的教学评价标准,同时确保评价方式的多样性。此外,学校相关部门要配合教师完善中国文化意识评价的指标,制订出相关的中国文化学习的教学计划。这样不仅有利于学生积累中国文化知识,也利于激发学生学习中国文化的积极性。

七、利用网络资源,实现文化传播

网络是一个开放性、交互性的平台,其能够突破传统的教学模式,实现中国文化教学模式的合作化与信息化发展。利用网络可以让学生直观地感受丰富的中国文化,增强学生对中国文化的兴趣,激发学生的情感共鸣,从而改变"中国文化失语"现状。

(一)采用网络手段,落实文化教学

在新形势下,教师应该利用网络资源,将现代媒体作为教学手段,在教学过程中融入中国文化,实现教学资源的优化、教学效果的达成。网络技术有助于教师创设真实的教学环境,通过声音、图像、动画等的结合,有助于增强教学的直观性,让教学更为形象。

另外,在网络环境下,学生愿意学习中国文化知识,不仅提升了学生分析问题的能力,培养自己的判断性思维,还能够提升学生的语言意识和跨文化意识。

在文化教学中,教师可以采用类实时播放式的形式,即"课堂示教模式",其以教师为主,教师采用计算机软件、各种音频与视频设备等媒体将学生需要的中国文化知识传输出来。

(二)通过协作方式,实现交互学习

要想在英语教学中融入中国文化教学,就必然需要有效的组织和安排。根据建构主义理论,英语学习的关键在于教师如何进行分组,如何组织学生共同完成学习任务。通过学生之间的协作学习,教师和学生之间能够建立一个学习共同体,实现学生与其他学生之间、学生与教师之间、学生与媒体之间的交互。在交互协作的过程中,学生大脑中的图式可以被激活,建构更为准确、全面的语言意义。通过这种协作学习,可以将学生的学习积极性调动起来,激发学生学习的智慧与思维,使整个团队完成意义的建构。

在具体教学过程中,教师应该基于中国文化的相关主题、与他人交际的相关内容,为学生安排与创设一些操作性强、任务重的教学任务,并对任务的内容给予具体的要求与建议。之后,教师对学生进行分组,确保组内成员之间的差异与互补,让小组内成员与成员之间实施互动与交流,对教师交代的任务进行归纳、总结,从而最终掌握中国文化的知识,提升自身的跨文化交际能力。

(三)创设真实情境,营造文化氛围

众所周知,语言是在一定的社会环境中使用的。根据建构主义理论,人是知识的探索者与建构者,知识的建构需要人与社会环境进行交互。在建构意义的过程中,创设情境是必然的前提,尤其是对真实情境的创设。教师应该创设信息丰富的环境,为学生提供真实的语言输入与语言情境,让学生自然地、真实地学习到语言。当然,网络技术的发展为建构主义学习理论的推行提供了良好的环境。

由于网络技术具有信息容量巨大、传输速度快与容量大等特征,因此在英语教学中运用网络技术能够使得文化教学的展示更具有模态化,能够在单位时间内为学生提供容量巨大的学习资源。同时,学生置身于真实的情境中,能够亲身体验中国文化的美,在体验中增强对中国文化的理解和认知,激发学生学习中国文化的积极性和主动性。也就是说,在快乐学习中国文化的同时提升自己的跨文化交际能力。

第八章 文化自信视域下大学英语教师的专业能力发展

尽管现在的教学倡导以学生为中心，但并没有否定教师的引导作用，在英语教学中，教师依然发挥着重要作用。在文化自信视域下，英语教师的专业能力决定了其能否正确地引导学生进行语言学习，培养出具有世界格局的中国人并造福于民。可见，英语教师的专业能力发展对英语教学以及学生的发展都起着重要作用。本章将对文化自信视域下英语教师的角色定位、素质要求以及专业能力发展的基本路径进行研究，期望能够推动英语教师的专业能力发展，促进英语教师更好地服务于学生和教学。

第一节 文化自信视域下大学英语教师的角色定位与素质要求

在教学活动中，教师充当组织者的身份，也是对教学效果产生影响的一个重要变量。教师的主导作用往往需要通过与学生的互动与交往才能实现。在教学中，教师应该将自身的主导作用发挥出来，不断提升自身的素质与能力。在文化自信视域下，英语教学有了新的角色与素质要求。本节就对这两个层面展开分析。

一、文化自信视域下大学英语教师的角色定位

（一）大学英语教师的传统角色

在传统的大学英语教学中，教师扮演了两种重要的角色：一

是知识的复制者；二是知识的传授者。

1. 知识的复制者

在传统的大学英语教学中，教师的工作就是将知识原封不动地传授给学生，在传统的大学英语教师眼中，书本知识就是金科玉律，教参就是真理，因此教师往往将书本知识视作教授学生的来源，并且根据书本来设计教案。对教师教学好坏进行评价主要看教师能否把书本知识传达到位、准确。显然，基于这样的观念，大多数教师从书本内容出发展开教学，教师很自然地就成了英语课本的复制者。

在传统的大学英语教学中，学校往往为教师配备了一整套教材、教参等，并且为教师设计了教材上要求的每一堂课的活动，甚至对教师说的话都进行了明确的规定。教师如同批量生产的工人一般，千篇一律地展开教学，将大纲内容复制给学生。

但在新环境下，教学过程被看作师生互动的过程。就建构主义学派的观点来说，这一过程是师生对客观事物的意义加以构建的过程，并且是合作性的构建，并不是单纯地对客观知识加以传递。

在大学英语教学中，教材、教参等是重要的资源，师生需要对这些资源进行开发，尤其对教师来说，他们需要对这些资源加以分割与整合，之后通过与学生的互动，将固有内容转化成丰富的、可供学生理解与接受的知识。之所以将教材静态的知识转换成动态的资源，将课堂上单一的知识转变成生动的课堂，最终目的都在于帮助学生获得知识。就这一角度而言，学生固然是知识的构建者与参与者，而教师更应该将自己置身于开放的环境中，成为资源的积极构建者。也就是说，教师的角色应该发生改变。

2. 知识的传授者

传统的教育观依然在教师的心中存在，这与现代的信息环境有着较大差距。在信息技术环境下，很多教师的理念中仍旧存在"教书匠"的意识，他们侧重以书本作为经验与教学方式，采用灌

第八章　文化自信视域下大学英语教师的专业能力发展

输的手段进行教学。一些教师将学生看作被动接受知识的容器，认为教材是学生获取知识的对象，教师是将这些知识灌输给学生的人。显然，教师充当了一个"传话筒"的角色，学生是接收器，将教学简单地视作知识传递的过程。这种对知识过于重视而忽视具体能力的教学方法，势必会造成教学过程的重复、单一，也会制约教师的创新意识与研究精神，让教师的教学思想与观念更加保守、陈旧。

在新形势下，信息技术迅猛发展，教师在技术、知识上所具备的权威性受到极大的挑战。在新环境下，大学英语教师对于知识传授者的角色是否有新的理解？是否对教师新的角色进行重新定位？教师对自身的教学手段、角色观念是否感到不适？教师如何转变自我并适应这一环境？这些问题都说明，教师作为知识传授者的角色应该改变。

(二)文化自信视域下大学英语教师的新角色

说到角色，一般人会觉得其与身份、地位有关，认为角色是对人们身份、地位的诠释。在当今社会，教师扮演着十分重要的角色，他们以各种方式调动与引导学生参与活动，并引导学生在自己设定的环境中展开探索。传统的大学英语教师所扮演的角色已经很难适应当今社会的需要。在这个多元化的社会，教育具有多样性，他们需要适应不同层次、不同族群人的需求。教师需要作为文化传承执行者的角色展现在人们的面前，他们通过间接的形式逐渐实现文化传递。只有具有多元文化教育观的教师，才能与多元文化社会教育相适应。也就是说，教师不再是知识的传授者与复制者这些简单的角色，而是被赋予了新的多样角色。下面就具体分析英语教师角色的转变。

1. 知识与技能引导者

(1)语言知识的诠释者

大学英语教师是英语语言知识的诠释者，他们在开展课程教学之前,首先必须具备渊博的知识。简单来说,大学英语教师需要对英语专业知识有系统的、全面的把握,并能够从这些知识中分析出语言现象。一般来说,大学英语教师需要掌握的专业知识包括理论知识、语境知识、实践知识等,这些知识中涵盖了语音、词汇、语法、语篇、文化等知识,大学英语教师只有掌握了这些知识,才能解决学生学习中遇到的实际问题,帮助学生提升自我,实现更好的语言输出。

(2)语言技能的传授者

当然除了英语知识,大学英语教师还需要掌握语言技能,并且将这些技能传授给学生。在学生学习语言的过程中,掌握语言知识是基本条件,而最终目的是为了提升自身的语言技能。一般来说,语言技能包含听、说、读、写、译五项。就语言的发展规律而言,听说居于重要地位,读写译次之,但就外语教育的角度而言,读写译居于重要地位,听说次之。这就说明大学英语课程教学的目标是让学生具备一定的读写译能力,而听说能力是实现读写译能力的前提与基础。大学英语教师要想提高教学质量,熟练地驾驭英语这门课程,就必须掌握这五项技能,并且保证五项技能的有机结合,从而提升学生的语言综合技能。

(3)课堂活动的组织者

无论是大学英语教学还是其他教学,课堂活动都是必不可少的一部分。在大学英语教学中,课堂教学是其重要的载体与媒介。大学英语教师要想提升自身的教学质量,必须要设计出合理的课堂活动,如辩论、对话、对话表演等,这些都是能够让学生参与其中的活动,让学生有真实的语言训练机会,提升自身的语言表达能力。在这之中,学生也会不断加深对英语语言知识与技能的印象,巩固自身的知识体系。

(4)教学方法的探求者

大学英语教师在英语教学中不能仅使用一种教学方法,应该承担起教学方法开发者与设计者的角色,创新教学方法,使教学课堂更多样有趣。与其他学科相比,英语教学具有极强的实践

第八章 文化自信视域下大学英语教师的专业能力发展

性,因此其与教学方法的关系更为密切,甚至教师对语言知识的分析、学生语言技能的掌握、教师课堂活动的组织等都需要考虑相应的教学方法。

随着很多学者对大学英语教学进行深入的研究,探索出了很多教学方法,如语法—翻译法、交际法、任务法、情境法等,这些教学方法各有利弊,高校英语教师需要考虑教学的实际情况以及学生的实际水平,选择适合自己的教学方法组织教学,有时候甚至需要多种方法并用,从而得到最佳的教学效果。

2. 多元文化驾驭者

(1)多元文化环境的创设者

学校的文化环境会对学生的学习产生影响。作为一种社会化机构,学校的目标、功能、管理等都属于主流文化,如果教师不知道如何对学校的教学环境进行塑造,就很难在家庭—社区—学校之间构建一个平衡点,很难让学生予以适应。因此,教师要努力创建多元文化教育环境。具体来说,可以从如下几点着手。

首先,师生之间要构建信任关系。师生间的人际关系对学生的成绩产生重要影响,文化差异的存在、教师的偏见容易造成师生之间的隔阂与误解。如果师生之间存在这种隔阂与误解,就会对学生的自我观念产生负面影响,让学生受到挫折,甚至孤立无援。

其次,教师要努力构建一种积极的家庭式氛围。教师要为学生提供一个尊重与关怀的环境,让学生领略到家庭语言与文化。教师要对学生的文化背景有充分的了解,不断搜寻相关的信息,并将这些相关信息自然地融入教学之中。

总之,教师只有充当一名多元文化者,才能对学生所处的文化环境有清楚的了解,对学生的文化价值观有清楚的把握。同时,教师只有从多种角度对文化加以理解,才能为每一位学生创造合适的教学策略与内容。

(2)中西文化差异的解释者

在多元文化背景下,大学英语教师充当了中西方文化差异的解释者角色。由于中西方文化传统不同,二者在价值观、思维模式上存在明显差异,而这些差异逐渐成为学生跨文化交际的障碍。

就社会文化角度而言,语言属于一种应用系统,具有独特的规范,是文化要素中的一项重要组成部分。因此,在大学英语教学中,大学英语教师除了要教授英语知识与技能,还需要涵盖文化背景知识,实现英语知识、英语技能、文化背景知识三者的融合与补充。

就语言文化知识的内容而言,除了要教授本土文化知识,还需要讲授西方文化背景知识。中西方语言文化的差异性主要体现在风俗习惯、思维模式、价值观念等层面,而这些差异性在语言上有明显的呈现,无论是词汇中,还是篇章中,因此大学英语教师应该充当中西方语言文化的解释者这一角色,将中西方语言的差异性解释给学生,让学生在了解这些差异的基础上掌握好英语语言。

需要指出的是,教师在充当中西方语言文化的解释者这一角色的时候,对中西方文化要保持中立态度。文化没有优劣之分,因此高校英语教师在选取素材时,应该尽量选择那些不会对其他文化造成伤害的素材,避免引导学生对某些文化产生偏见,从而使学生对不同的文化有清楚的认识。

(3) 本土文化知识的传授者

前面提到大学英语教师应该对西方文化背景知识有清楚的了解,除此之外,他们还应该对本土文化有清楚的了解与认识,甚至需要成为本土文化的专家,挖掘本土文化所蕴含的特色与思维形式。英语教师既是知识的引导者,也是文化的传承者,他们应该以一个真诚的面孔展现在学生面前,将本土文化知识融入自己的课堂之中,与学生展开平等的交流,从而为英语教学提供更为广阔的空间,同时构建和谐的师生关系。

教师要比其他人对本土文化知识有更敏锐的直觉,对本土文化知识的价值更注重保护与发展,并且懂得如何对学校所处社区

第八章　文化自信视域下大学英语教师的专业能力发展

的本土文化知识进行挖掘。在大学英语教学过程中,大学英语教师应该对学生在本土社会中获取的知识予以尊重,而不是一味地否定或者贬低。教师可以引导学生对本土文化知识与书本知识进行比较,培养学生将本土文化知识与书本知识紧密融合,从而创造出新的知识体系。

3. 网络技术应用者

(1)语言单元任务的设计者

要想实现单元主题目标,就必然需要对单元任务进行设计,这是英语教师的一项重要任务。学生通过教师设计的这些真实的任务,可以拓宽自己的语言知识面,还能够提升自身解决具体问题的能力。因此,在英语学习中,语言单元训练任务的设计是非常重要的。这要求教师应该在网上设计相应的单元任务,让学生在规定的时间内完成,最后提交完成任务的结果。通过这种方式,学生可以降低自身的压力,从而愿意参与其中。

另外,通过网络,学生可以根据自身的实际情况选择教师设计的任务,遇到问题时也可以与教师或其他同学进行网上交流,最后呈现自己的作品或观点。显然,这种方式不仅锻炼了学生的英语语言水平,还有助于提升学生的兴趣和积极性,加强人与人之间的交往与合作。

(2)有效主题教学模式的设计者

在新形势下,大学英语教学要求教师不断探求新的教学模式与方法。具体来说,大学英语教师不仅需要发挥网络的优势,还需要提升学生学习的效率。对此,大学英语教师在设计主题教学模式时,应该选择学生感兴趣的话题,并且整个教学模式都围绕这一主题开展,以小组合作讨论的形式完成任务,最后提交讨论结果。

当然,由于处于网络环境下,大学英语教师设计的每一个主题应该能让学生在网络上找到丰富的资料,包含这一主题的文化背景与发展动态,然后由学生进行总结与归纳,进而让学生在网上进行讨论,这样的设计模式实际上帮助学生摆脱了课本的限制。

另外，在设计有效主题教学模式时，英语教师要尽量链接一些有效网址，帮助学生接触更多的国内外文化知识。大学英语教师还可以下载一些前沿性的资料，以吸引学生，提升他们的求知欲。当然，对于一些敏感性的话题，英语教师要进行正确指导，避免学生出现文化偏见。

(3)学生网络学习的帮助者

在大学英语教学中，网络能够起到监控的作用。通过网络监控，大学英语教师可以对学生的学习过程有所了解与把握，从而帮助学生实现自己的学习需要。大学英语教师是学生进行网络学习的帮助者，尤其对于差生而言，大学英语教师更是发挥了不可磨灭的作用，他们通过记录学生浏览网页的情况，了解学生是否参与其中，从而清楚学生在学习中遇到的困难，之后帮助学生解决实际的问题。

另外，由于不同的学生遇到的困难不同，因此大学英语教师应该给予分别指导，促进不同层次学生各自的进步。显然，英语教师对学生网络学习的帮助更具有人情味，不仅有助于提升优等生的水平，还有助于避免差生的畏惧心理，帮助不同层次的学生解决不同的问题，帮助他们真正实现有效的自主学习。

(4)在线学习系统的建立者

网络为学生的英语学习提供了便利，而教师在这之中充当了调控学生学习、提供个别指导的作用，但在这之前，首先就需要建构一个完善的在线学习系统。在这一系统中，有教师与学生两个端口。学生通过填写自己的信息，向教师端提出申请，教师负责审核，使学生加入到这一系统中。

根据在线学习系统的导航提示，学生可以获取自身所需的资料，也可以下载下来。例如，某一在线学习系统可能包含"单元测试"与"家庭作业"两个项目，在"单元测试"中学生可以进行训练与测试，在"家庭作业"中学生可以提交自己的作业。之后，学生可以通过论坛、QQ等与教师进行讨论，实现网上交互。

二、文化自信视域下大学英语教师的素质要求

(一)大学英语教师的传统素质

根据林崇德先生提出的"三层次五成分"教师素质观,从当前英语教师的基本情况考量,大学英语教师的素质涉及如下几个层面。

1. 职业理想

教师的职业理想是教师从事教学工作的兴趣与动机的体现,是其献身于教学工作的原动力。在大学英语教学中,教师的职业理想表现为积极性、事业心、责任感,英语教师具备的崇高的职业理想,是他们开展英语教学活动的有利层面。

2. 教育观念

教师的教育观念是他们在教学活动中形成的对教育现象的主体性认知,是从自身的心理背景出发进行的认知。一般来说,教育观念包含知识观、教育观、学习观等。

3. 监控能力

教师的监控能力指的是他们为了保证教学能够顺利实现预期目标,在教学过程中对其进行主动计划、检查与反馈等。具体来说,包括对课前教学的设计、对课堂进行管理与指导、对课堂信息进行反馈。事实上,教学监控能力是教师对其认知的调节与控制,是教师思维反省与反思的体现。

4. 教学策略与行为

教师的教学策略与行为是教师为了实现教学目标,从学生的特点出发,采用各种教学手段展开因材施教。在高校英语教学

中,教师的教学策略与教学行为是教师根据不同学生的学习风格与水平差异,创造符合学生风格的课件,采用网络多媒体技术,将自身的教育思想与学生容易接受的方式完美地融合。

(二)文化自信视域下大学英语教师应具备的素质

1. 解读多元文化的能力

在文化自信视域下,教师需要具备对多元文化进行正确解读的能力,具体而言表现为如下三点。

首先,多元文化是一种历史事实。不同的文化具有差异性与多样性,这是人类文化从诞生开始所体现出来的一种客观存在。就历史角度而言,多元文化的差异性与多样性是一个不争的事实。就宏观的世界历史而言,早期有古希腊文化,中国有春秋战国文化、隋唐文化、明清文化等。这些都可以说明,历史时期不同,文化自然也不同。因此,多元文化是一种历史事实,指的是在一个地域、社会、区域等特定存在的、相互关联的却又具有独立文化特征的几种文化。

其次,多元文化是一种政治诉求。多元文化不仅是一种事实存在,还是一种价值存在,是人们在文化上所秉持观念的展现。多元文化源自不同族群争取平等的经济、文化权益斗争的结果,是一种对经济、文化等平等的追求。多元文化不仅仅限于文化层面,而是包含了不同民族、不同族群的经济、社会等多种概念。

最后,多元文化是一种思维方式。从哲学的角度而言,多元文化体现的是一种思维方式,对多元文化的理解就是对多元文化差异性、多样性的承认,并要认识到所有文化都应该是平等的,彼此之间会产生直接或者间接的影响。与之相对的认识就是对客观世界的认识,人们对其认识不应该从单一的角度出发,而应该从多个视角来认识和理解。多元文化这一思维方式打破了传统的一元的思维方式。

第八章　文化自信视域下大学英语教师的专业能力发展

多元文化是一种历史事实、政治诉求,也是一种思维方式。教师应该对多元文化进行正确的解读,从多样的视角对不同文化予以尊重、学习与理解,不能毫无保留地全盘接受社会主流文化,对其他文化全盘否决,应该批判地看待不同文化。需要注意的是,教师在对多元文化的解读中,应该持有平等、公正、多元的理念。

2. 以学生为中心的教学意识

在现在的大学英语教学模式中,所有的学生形成一个多元文化语境,他们来自不同的地区,具有不同的成长背景,这就使得他们有着不同的接受能力、不同的思维方式等。如果教师对所有学生都一视同仁,那么必然会削弱学生学习的积极性与主动性,也势必会导致教学效果不佳。对此,教师应该"以学生为中心",教师自身的角色也应该发生改变,从原本对课堂的控制者转变为对学生英语学习的辅助者,同时对待每一位学生都应该持有平等、公平的姿态。教师要认识到不同学生的文化差异与多样性,对不同的学生采用不同的方法,使学生成为教学的主体,展现自身的个性,从而更好地在多元的环境中习得英语这门语言。

3. 信息素质

信息能力是指人获取信息、加工处理信息和利用信息的能力,具体包括文献信息检索能力、信息分析能力、信息加工处理能力等。具体体现在人们对信息存储机构,如图书馆、互联网等的应用能力和运用计算机、网络、通信技术的能力。当今世界已经进入知识经济时代,信息与智能革命正席卷全球,在这种经济背景下,产品的智能成分大大增加,劳动者智能劳动成分也大大增加,信息技术的发展将成为新技术的核心。大学英语教师作为智能劳动的主力军,无疑在整个社会变化过程中起到了重要的作用。作为21世纪的英语教师,便捷、高效地获取信息是从事教学、科研与社会服务活动的基础,有效地搜索、分析、利用信息既是自身发展的需要,也是培养英语教师所必须掌握的技术和必备的能力。

第二节　文化自信视域下大学英语教师专业能力发展的基本路径

教师的专业能力是影响教学的重要因素,无论是在职前,还是在职后,教师都应该提升自身的专业能力,以更好地展开教学,当然大学英语教学也不例外。在文化自信视域下,大学英语教师的专业发展面临着专业意识欠缺、专业能力薄弱等问题。对此,教师应该展望世界,培育自身的专业意识,丰富自身的专业能力,大胆反思,从而成为适应当前社会需要的高素质教师。

一、教师专业发展概述

(一)教师专业发展的定义

自20世纪80年代以来,教师专业发展的问题得到了学术界和教育实践界的高度重视。教师专业发展成为教师教育的一个核心问题。因为教师教育的质量和水平的高低直接影响着教育事业能否实现健康、持续的发展。

教师专业发展的内容,包括专业精神的发展、专业知识的发展、专业能力的发展、专业自我的发展。另外,教师的现代素质也显得尤为重要。比如,教师是否拥有健康的体魄和良好的心理素质、是否拥有创新的精神和能力、是否拥有教育研究的意识与能力、是否能够熟练运用现代教育技术、是否具备浓厚的法律法规意识等,这些都是现代教师必备的职业素质。可以说,在每一个实现专业化发展的教师的身上,都能看到这些素质自然而和谐地共存。

第八章　文化自信视域下大学英语教师的专业能力发展

(二)教师专业发展的有效途径

1. 专业政策扶持

政策可以为教师提供制度保障,降低教师专业实践可能面临的风险与代价。提供专业政策扶持、完善教师政策可以从以下方面着手。

(1)政策制定着眼长远

目前国家和地方出台的一些涉及教师的政策,大多属于短期、暂时性质,即针对公众舆论反映较为强烈的问题出台相应规章。这样的政策往往针对教师群体中某类突出现象,其出台不过应一时之需,对教师长远能力提升和自主意识确立并无明显效用。

真正的教师专业发展往往在一线实践和系统化专业支撑体系相融合的基础上产生。因此,应从战略角度看待中小学教师和高校教育研究之间的联系,从国家层面供给相应政策促动这种融合形成。这意味着,借助政策驱动打破职前与职后藩篱,实现大学与中小学教师培养深度联合,将一定比例的师范生课程安排在中小学完成,同时让更多一线教师重新进入大学进修,相互取长补短以谋求合力。这还意味着推进教师专业不断走向高端化,促进教师学历标准由"中师—专科—本科"体系向"专科—本科—研究生"层次升级。

(2)政策文本严谨规范

一方面,政府部门应避免各自为政导致政策价值取向过于分离,追求政策间相互融合;另一方面,则应对政策文本中那些模糊的、想当然的概念保持必要警醒。

(3)顾及教师切身利益

考虑到社会财富不断增加和国民整体生活质量不断提高,教师的地位、待遇与其贡献依然不相称,教师的实际政治、经济地位低于其应然地位。近年来,对发展相对缓慢地区和学校的教师,在津贴、补贴、专业机遇等方面给予更大政策倾斜,提升他们的专业满意度,降低他们的离职意向,规定小学教师也可以受聘正高级专业技术职务等,一定程度上体现出决策者对教师专业价值的认知正趋于深化。

(4)参与主体应更多元

首先,应改变公权部门决策专断的局面。其次,增加一线教师的实质性话语权才可能降低教师在政策实施中的隋性与抵制。再次,专业性较强的政策交由非官方教师协会、基金会主导制订,关涉政府与教师利益分配的政策则应由第三方中介机构监督制定。最后,加强政策执行监督,避免有制不依,鼓励社会力量、新兴传媒参与监督。

2. 学校专业管理

学校是教师专业发展核心场域,教师专业面貌是学校的基本校情,重视教师专业发展是学校爱师的表现。绝大多数教师专业发展事件都在学校遭遇、发生,教师专业发展各个时期都需要学校提供支持与引导,校本化也是教师专业发展新趋势。

学校专业管理是教师能否顺利发展的外部因素。调控和优化这一因素在教师专业认知生成、专业自主性提升等方面不可或缺。倘若一所学校教师精神涣散、工作懒散、教学懈怠、离职现象严重,提升学校教学质量及社会声誉的期许自然难以实现。对于教师而言,教师也必须要回应学校的诸多专业要求。在学校,教师专业实践因此遭遇来自校方的复杂影响。这要求教师洞悉学校专业管理意图及旨趣,并在自身需要与学校管理产生冲突时学会自我调适。可以从实现学校管理理念转换、反思学校专业管理规范、学校专业管理实践准则几个方面着手进行。

3. 教师培训机制

教师培训早已成为教师专业发展的重要途径,最初,教师培训主要针对教师学历偏低、教学理念滞后与基本技能欠缺。而

第八章　文化自信视域下大学英语教师的专业能力发展

后,培训扩展至新手教师专业适应、前沿教育科研方法、高端信息技术应用、现代课堂管理乃至教师情商修炼等领域。注重校本教师培训是非常重要的。

当前,校本培训形态需要不断充实,减少理论型讲授、讲座、报告,增加对教师专业变革有实质性改善的培训内容,以问题为中心进行研究式培训。校本培训在培训时空、培训内容、培训方式及结业评价等方面应采取开放、多元价值理念。培训的最终评价应以教师在学校现实情境中成功"做"出来为最终准绳,因此校本培训尤其提倡做中学、干中学、例中学、探中学。在全员培训理念下,评价的目的并非是要所有教师都成为学者型教师,而在于借助培训让每位教师都有所获,体验到专业价值并努力践行这些价值。

4. 教师自我完善

一切教育归根结底都是自我教育。一般认为,自我完善是教师有意识地依据专业标准及自身专业定位,积极主动地利用外在环境条件,通过自我认知、自我评价、自我管理不断弥补自身不足、提升自身能力的内部引导机制。专业竞争日益加剧、专业要求普遍提高、专业发展不确定性增大也使教师自我完善成为必然。

首先,丰富自我内涵。教师需要自觉对已有知识体系加以取舍、补充、优化和重组,适时调整知识结构,拓宽知识视野,促进自身知识更有效地迁移,避免过时守旧的知识观影响专业效能;在接触学生、辅助技巧、课堂评价、自学讨论、引导学生自我检查、发现学生的疑难问题、分析教材、以学定教等方面不断磨炼自己,了解学生的时代特质及发展规律,对学科内容和学生状况心中有数,基于学生的知识、经验背景设计教学、组织教学活动;学会理清教学内容间的关联性、层次性及难易等级,拓展可供选择的教学策略范围,做到教学环节衔接合理自如,教学行动自然流畅,策略选择审慎而合理。

其次，学会自我管理。一般认为，教师自我管理的具体策略包括：行动，不仅包括外在行为本身，还包括行为背后的观念支撑或知识体系；行动反思；剖析核心问题；搜寻替代方案；进行新尝试。应避免惯性思维，摒弃自以为是的成见，注重对专业实践进行观念和技术层面的重建。

最后，实现自我价值。一方面，教师应在市场思潮中秉持正确的专业价值观。另一方面，教师应坚持自我完善与自我价值内在统一。

二、影响大学英语教师专业能力发展的因素

(一)个人因素

1. 认知能力

从认知角度来分析，大学英语教学是一项非常复杂的认知活动，大学英语教师的认知能力是他们长期开展教学活动所积累的结果。认知能力的发展有助于提升大学英语教师的教学效能。在大学英语教学过程中，如果一名教师的认知能力较高，那么他/她必然会灵活采用教学策略、运用教学技巧，从而激发学生参与教学活动的积极性。

2. 职业道德

对于大学英语教师而言，职业道德对他们有着至关重要的影响。第一，职业道德是教师实现角色认同的基础和前提，如果一名教师不具备基本的职业道德，那么他们就没有资格担任教师这一重要角色。第二，具备高尚职业道德的大学英语教师会在自己的工作中任劳任怨、勤勤恳恳，直至在教学中取得优秀的成果，引领学生步入一个新台阶。第三，大学英语教师的专业化是在不断处理个人与他人、个人与集体的利益关系时不断发展的，而在这

第八章　文化自信视域下大学英语教师的专业能力发展

之中需要道德的参与，也就是说职业道德是英语教师进行职业交往、解决冲突的一项重要准则。

3. 人际交往

大学英语教师的专业发展是在与他人的交往中逐渐发展的。也就是说，具备良好的人际交往，英语教师才能保持一份愉悦的心态与健康的心理，避免自身产生职业倦怠。

首先，大学英语教师要处理好与学生的关系，二者本身都属于教学的主体，大学英语教师如果与学生建立良好的关系，有助于教师实现自身的意志、理想与情感的统一，这是大学英语教师专业发展的一项重要内容。

其次，大学英语教师还要处理好与同事之间的关系，大学英语教师之间通过合作，可以不断提升自身的专业化水平，这是大学英语教师专业发展的必然要求。

4. 自我评价

在大学英语教师专业发展过程中，自我评价也是必不可少的一项内容。

第一，自我评价有助于大学英语教师的角色内化，让英语教师对自己有清晰的了解，从而建构自己的教学内容，不断提升自我。简单来说，如果一名大学英语教师自我认识较高，那么他们会显得更为自信和成熟。

第二，自我评价有助于调动大学英语教师的内在动机，通过自我评价，大学英语教师的积极性、自觉性不断提升，增强自己的创新意识。

第三，大学英语教师的自我评价有助于提升自身的意识，大学英语教师通过自我评价有助于更深层次地认识自我，使自己不断思考、不断反省。

第四，自我评价可以促进英语教师把握人生价值选择，进行自我塑造。

5. 职业发展动机

大学英语教师的职业发展动机包含内部动机与外部动机。前者是指人们对某些活动感兴趣，并从活动中不断获得满足，活动本身成为人们从事该项活动的助力。内部动机反映出大学英语教师对教学工作的价值取向与主观需要，对大学英语教师的教学行为起着重要的刺激作用。后者是指由于压力诱发的助推力，其在大学英语教师的教学工作中也起到重要的引导与激励作用。

(二)环境因素

1. 教育政策

所谓教育政策，即国家和政府制定的对教育领域的社会问题、利益关系进行调整的公共政策。一个国家的教育政策对教师专业发展有着宏观层面的影响，其为教师提供物质基础与保证，赋予教师基本的权利与义务，体现国家对教师的要求。首先，教育政策为英语教师的基本生活与工作提供物质保障，对教师的生存与发展产生直接影响。其次，教育政策为教育事业发展提供了重要规范与标准，对教师的专业发展提供了重要指导。最后，教育政策通过教师考核制度、奖惩制度等对教师的专业发展起着重要的激励作用。

2. 学校管理

学校管理是管理者在国家政策指导下，对学校内部情况进行管理，是对学校系统资源、人力资源、物力资源等进行的组织与规划、协调与控制、决策与指导的过程。学校管理者管理方式的不同，会对教师的专业发展起着不同的作用，因此学校管理者应该首先了解每一位英语教师自身的需要，针对不同的需要以及英语教师不同的发展阶段，采取恰当的管理措施，调动英语教师的积极性。

第八章　文化自信视域下大学英语教师的专业能力发展

3. 学校氛围

学校氛围是每一所学校内部形成的,对其成员的价值观念、道德规范等起着重要的作用,是一所学校的精神风貌。学校氛围对于教师的专业化发展也起着潜移默化的作用,是教师专业成长的外部精神力量。良好的学校氛围为教师提供富有挑战性的工作机会,能够激励教师不断发展、持续成长,充分发挥教师的主动性和创造性,使教师为实现自我而努力。

三、文化自信视域下大学英语教师专业能力发展的路径

(一)提高专业意识

当前很多年轻的教师由于教学时间短、缺乏教学经验,也没有太多参与课题研究的机会,因此经过一段时间的教学工作后,往往比较厌烦,这都是自我专业发展意识薄弱的表现。因此,在当前的教育背景下,大学英语教师应该不断提升自身的专业意识,具体而言可以从如下两点着手。

1. 理想意识

教师的理想对教师的专业发展起着十分重要的作用,为教师指明了前进的方向。大学英语教师的专业理想主要指的是他们对工作的热情。只有具备了热情,他们才能富有积极性,才能具有专业认同感,愿意在自己的工作中付出努力。

2. 科研意识

通过记录专业中的关键事件与自我专业发展保持对话,并对未来的发展规划做出适当的调整,教师在专业化发展的过程中必有大成。教师能否具有科研意识,决定了教师能否尽自己所能投

入到科研活动中。也就是说,教师要想从事科研工作,就必须具备科研意识,他们要在思想上对科研有所重视,在理论上不断加强学习,获得科研的理论指导,在时间上还要不断提升自身的问题思考意识等,这样才能真正地投入到科研活动中,并为大学英语教学研究贡献一份自己的力量。

(二)提升专业能力

教师要想提升自身的跨文化意识,首先就需要提升自身的专业能力。具体来说,可以从如下几点着手。

1. 实行专业引领

当前,我国的英语教学在不断革新,先进的理念需要有骨干、研究者的带领,才能促进自身的专业发展。一般来说,教学专家、资深教师等都可以起到专业引领的作用。普通大学英语教师要向他们学习,接触先进的思想与经验,从而推动自身的专业化发展。一般来说,专业引领具有如下要求。

(1)要发挥专家与普通大学英语教师之间的能动性与积极性。不同的引领人员,所侧重的层面也必然不同。科研专家对教学理论非常注重,因此在其引领上更注重理论与实践的结合。骨干教师注重教学实践,因此在其引领上更注重具体操作。但是无论是哪一种引领,他们都需要较高的引领能力,既能够在理论上进行指导,还能够在具体操作中提供建议。对于普通的大学英语教师而言,他们应该配合专家与骨干教师,对其给予的建议要认真听取,并择优采纳,以便分析与总结自身的教学问题,对自己的教学活动进行反思,提升自身的专业素质。

(2)英语教师要保证内容、目标等的正确,采用的方法要恰当。英语教师专业发展的总目标在于让他们能够对新知识、新信息予以把握,并且能够在这些新知识、新信息的基础上提升自身的专业素质。不同的英语教师存在着个体的差异,因此在专业发展水平上也必然不同,因此在进行专业引领时,需要考虑不同教

第八章　文化自信视域下大学英语教师的专业能力发展

师的具体情况,对不同的教师制订与他们相符的方法,从而实现专业引领的合理性与有效性。

从上述分析可知,专业引领对英语教师专业素质提升非常重要,具体而言可以从如下几个层面着眼。

首先,阐述教学理念。就很大程度上而言,英语教师的教学行为往往会受到教学理念的影响,因此在专业引领中,专家、骨干教师等应该尽可能引导普通的大学英语教师熟悉与掌握教学理念,可以采用讲座或者报告等形式。

其次,共同拟定教学方案。当普通的英语教师对先进的理念进行掌握之后,专家、骨干教师应该与普通的英语教师共同探讨先进的教学方案。在这一过程中,专家、骨干教师不仅是引领者,还需要对普通英语教师的教学设计提出建议、给予指导,从而让普通的英语教师的教学设计更为完善。在专家、骨干教师等的引领下,普通的英语教师能够顺利地制订出与教学理念相符的教学方案,并将这一方案付诸实践。

最后,指导教学实践尝试。当制订完教学方案之后,就需要将其付诸实践,从而对教学方案进行验证。在验证时,专家、骨干教师应该参与其中,对教师的教学行为进行记录,从而与具体的方案进行对比,找出差距。在教师结束课堂之后,专家、骨干教师与普通的大学英语教师进行分析与探讨,对教学方案进行修订,从而使方案更完善、更切合实际。

2. 提高教师实施能力

英语教师的教学实施能力是教师专业素养的核心部分,是在教师专业知识的基础上促进教师专业理念、专业智慧生成的根基。开展英语教师教学实施能力训练,必须在扎实掌握英语教师专业知识的基础上,切实将所学的学科知识、教育理论转化为从师任教的行为方式。

(1)英语教师教学实施能力的基本认知

英语教师的教学实施能力指英语教师为保证教学成功,达到预期目的,对整个教学活动进行计划、控制、检查、评价、反馈和调节的能力。这种能力包括以下三部分内容。

第一,对自己教学活动的事先计划和安排。

第二,对教学活动进行有意识的监察、评价和反馈。

第三,对教学活动进行调节、校正和有意识的自我控制。

教学活动包括的内容和涉及的因素多种多样。因此,英语教师的教学实施能力也具有多方面的内容和多样化的表现。英语教师的教学若想走在新课程改革的前沿,则需要通过课堂实践,探索既符合新课程精神,又符合英语教师自身实际的教学方式,不断提高各方面的能力。

通过提升英语教师教学实施能力的专题实践研究,我们期望在学校的课堂教学中切实实现以下方面的转变:将以知识传授为中心转向以学生发展为本;由过去"依教案教学"转向"以学定教";由过去只关注教学结果转向兼顾结果与过程,特别是关注学习过程中学生获得的自信、养成的科学态度和习惯以及培养出来的人文精神等,这比单纯追求拥有知识的多少更有价值。这样才能最终使广大英语教师基于新课程标准理念下的教学设计,在现实的课堂情境中尽可能高质量地达成课堂教学的目标。作为一项研究的专题,确立的研究目标如下。

其一,理清影响英语教师教学实施能力提升的因素。英语教师教学实施能力的提升受到多方面因素的影响,通过实践研究与反思发现,影响英语教师教学实施能力的因素主要包括以下几个方面。

英语教师的教学基本功。英语教师的基本功,除了传统的板书、班级管理外,还包括对专业知识的理解,对课程标准和教材的整体把握,对英语教师心理的了解,沟通与合作的能力,搜集、整理、运用信息的能力,主动学习并积极反思的能力等。

英语教师的主观因素。通过调查问卷发现,英语教师的主观因素对教学的实施能力及效果也产生明显的影响。

英语教学的经验主义。近 40% 的英语教师选择"我心中有

第八章 文化自信视域下大学英语教师的专业能力发展

数,常常提前一天考虑第二天的工作"。关于课堂设问,超过 1/3 的英语教师选择"心里知道是哪几个问题,但谈不上精心"等。这表明在现实中,英语教师的思想相对滞后。不少英语教师习惯于运用传统教学模式,存在思想守旧、满足于现有的办法与成绩,改革创新意识不强,有畏难情绪,缺乏实施新课程的主动性等。

英语教师工作负担过重,也是参与课改积极性不高的重要原因。

其二,自觉反思的习惯。绝大多数的英语教师缺乏系统、深入的反思。超过一半的英语教师只在脑子里回顾一下或是在教案后稍作记录,多数英语教师会"和同事就某一方面展开讨论"。问卷还反映出多数英语教师"不知如何表述"反思或是苦于没人能指导,这也从侧面反映出培训不到位。虽然进行了大规模的培训,但无论是全员培训还是学科培训,基本属于通识培训。不少专家阐释的有关课改的理论材料,形式上的东西还较为明显。

其三,追求卓越的意识。问卷显示,绝大多数英语教师认为"态度决定高度,专业发展的高低跟自身的努力追求成正比";3/4 的英语教师反映平时很注意"想出各种方法使自己的课生动有趣",并意识到对教育科研应积极了解、参与,对自己的专业发展会有帮助;42%的英语教师将"提高自身素质"作为未来发展的第一需要,这显示了英语教师非常关注学科教学的"软实力"——关注自身的学科教学素养、学科的内在价值和学科教学的实施过程,这种内驱力与英语教师的专业发展紧密相伴且更易长久保持。

其四,情绪波动的情况。超过四成的英语教师承认"前一节课上得不愉快,会影响自己下一班级的教学";并且,情绪产生的时间与进行教学的时间间隔越短,对教学的影响越大。这就向我们提出一个问题——课间的时间短暂,英语教师应如何调节自身的情绪,以达到最佳教学状态?也许我们可以通过系统的心理知识讲座、特聘心理专家专设网络信箱等为英语教师提供心理疏导,以提升英语教师自我心理调节能力。

其五,自身的沟通需求。调查显示,近四成的英语教师自认"与受教育者的沟通能力一般",两成多英语教师认为自己最擅长与受教育者进行"全班整体交流",而这样的交流相对而言是缺乏个体针对性的,效果较差。当前教育强调"以人为本",但更多的时候,人们停留在关注"共性"的"人",而忽略了"个性"的"人"。

其六,职业的归属认同。调查显示,绝大多数英语教师认同教学这门职业,喜欢任教的学科,自己工作的热情自然就高。近七成的英语教师明确表示以学科为单位常态的教学研讨对于促进职业的认同感和提升自己的教学实施能力帮助很大。这说明教研组的建设是较成功的,得到了大多数英语教师的认可,成功地为英语教师营造了集体归属感;英语教师队伍的师德建设、职业成就感的培养也是成功的。

(2)提升英语教师教学实施能力的机制与保障

其一,制订教学能力自我提升计划。在英语教师教学能力提升培训的基础上,每个英语教师参照评课标准进行自我教学能力的测评,根据结果制订相应的教学能力自我提升计划。通过英语教师教学能力自我提升计划的实施,计划由学期到学年,可侧重每学期重点改进的一个方向,目标分阶段,力求合理化。这让每位英语教师自我的改进方向变得更明确、更具体、易操作、易测评,促使英语教师课堂教学水平明显改进和提高。

其二,以英语教师专业发展电子平台为载体,提升教学质量。英语教师专业发展电子平台建立后,要求全体英语教师定期上传自己的教案、案例、教学随笔和论文。电子平台如同档案室,也像阅览室,可以真正地交流,不限地点与时间,实现真正的便捷。在英语教师的成长历程中,电子平台上的教学设计、案例、课例、课件绝大多数是常态课,不像公开课那样遥不可及,具有极强的实效性、真实性。

以前被推广展示的都是公开课的教学设计与课件,但一堂公开课的工作量之大,是日常教学不可能保持的;台前幕后参与的方方面面之多,也是日常教学所做不到的。这就是为什么听讲座

第八章　文化自信视域下大学英语教师的专业能力发展

报告时心潮澎湃，但过后这份澎湃却因发现不实用或是自身没能内化而烟消云散；听公开课、优质课时，感觉非常好，因欣赏而照搬设计，却发现效果不能复制，因为我们没有看到被呈现的理论、理念的背后，没有机会感受过程，缺乏过程的支持，理解的深度与反思自然不足。在平台上我们可以看到同伴的日常教学，以及互动教研后改进的教学设计与反思，感受整个过程，这份真实、这一过程，对英语教师成长的帮助将更实在，更有效。可以说，电子平台建立之前，教研活动主要是针对公开课；建了电子平台，教研活动转向主要立足于常态课。这样的校本教研、校本培训才真正体现出"校本"的优势、特色及意义。

当然，互联网上也有许多的案例、课件、教学设计，但由于教材不同（全国各地同一年级、同一学科，教材版本众多），英语教师背景不同，自然没有身边同事教师的东西来得亲切、实在、实用。另外，时常会发生这样一种情况：当我们在教育教学中遇到问题，尤其是课堂突发事件时，往往会第一时间在办公室里发出感叹，但这种感叹大多属于一种即时的情感宣泄，同事的回应大多是与我们的情绪相呼应的，希望能够给我们些安慰。这时人们分析问题往往带有极强的主观性和情绪，强调客观原因，归因分析表面化，不能平心静气地从学科知识思维方式、学习方法、学生的视角等方面客观地分析问题的本质，反思性地看问题，更多的时候感叹过后一切归于平静，甚至被遗忘，问题并没有解决，不了了之。敬业的英语教师会把这些写成教学随笔，及时记录下自己的感想、反思、困惑、问题，以备一段时间以后再回顾、梳理，看看是否会有新的感悟或解决策略。但能够定期将自己的教学随感进行重温的英语教师并不多，而且自己的回顾毕竟依然局限于个人的思维。因为按中国人的文化习惯，常态课一般不会主动把教案、教学反思拿给别人看，请别人提意见。有了电子平台后，这一切都在悄然地发生变化……

在以往的教学管理中，要求教师每节课后，至少每个章节结束教学后，必须完成书面的教学反思，以培养教师养成记录教学反思的习惯。现在如果大家能及时将自己的教学随感写在电子平台上,既可以完成资料的积淀,又便于梳理资料,同时还可避免局限于个人的思维。借助电子平台,同事可以随时浏览,他们瞬间的思维灵感可以与我们形成互动,课题或策略就在这种积淀、梳理、互动中生成了。或许当你在第一时间用语言宣泄时,同事们由于忙于自己的事情,或者由于当时的心境、情绪等,没有什么想法,而浏览电子平台时,由于心境、情绪的不同,思维状态自然也不同,就会有新的思维火花。

电子平台的又一优越性是持续的开放性。它让校本教研可以随时随地进行。也许初看时没有感觉,但当自己在工作中遇到困惑时,哪怕是无意中的浏览,也会引发共鸣,产生交流互动,这也是在平台上开展校本教研的价值所在。尤其是在本校内,因为学生、班级都很熟悉,某种意义上说可谓零距离接触,更易产生共鸣,更具现实意义,更易产生校本研修的课题。

这样一个多元、开放的载体,让教研活动形式更多样,范围更扩大,并可改变传统上教研活动多局限于本学科组内的弊端。平台上的各类信息向所有的英语教师开放,不同学科之间在教学方法上,对学生的分析上,对科研课题的筛选上,对教育问题的反思上都是相通的。平台上的对话、交流甚至碰撞,既可弥补按教研组划分办公室而造成的年级组英语教师间交流的缺乏,又可避免按年级组办公而造成的教研组交流的缺失。

其三,进行英语教师创新教育能力培养。英语教师创新教育能力的激励和培养涉及很多方面,大到社会环境、教育体制,小到学校管理、培训教育、物质条件和实践机会都是其中基本的因素,都对英语教师创新教育能力的形成与发展产生直接而重要的影响。学校环境是对英语教师创新能力的形成发展产生影响的多种学校因素,其中较为重要的有学校的校长、学校管理、教学的评估体系等。适宜、合理的学校环境是英语教师创造力顺利发展的必要条件。

其四,学校各层面执行政策不走样。学校各层面切不可搞

第八章　文化自信视域下大学英语教师的专业能力发展

"上有政策、下有对策",只有校级、中层、基础层都很好地贯彻和执行政策——相关管理与评价制度,使政策不走样,才能提高英语教师课堂实施能力。

其五,多渠道培养英语教师的学习习惯,养成愿意学习的心态。平心而论,英语教师今天面对的诱惑与生活的琐事也远多于以前,我们的心"收"住了吗?我们还有苦读的精神吗?我们面对新理念、新教材、新教法这些我们赖以立身的新知识,我们在"自主学习"还是在"被动接受"?鉴于上述思考,高校应实行并完善一系列制度,促进教师在态度、习惯等方面正向发展。

第九章 文化自信视域下大学英语教材与教学评价的改革

众所周知,大学英语教学作为一个完整的体系,其中包括多种要素,除了前面章节中所介绍的几种要素之外,还有其他一些要素的研究也是很重要的,其对跨文化交际同样会产生深刻影响。其中,教材、评价这两个要素尤其重要。为此,本章就针对文化自信视域下大学英语教材与教学评价这两个要素展开分析,以从更加全面的角度来探索文化自信视域下的大学英语教学。

第一节 文化自信视域下大学英语教材的多维度开发

教材是教学不可或缺的构成要素,是教学内容的主要载体和教学的有形核心,是学生可以接触到的重要语言输入,也是教师开展教学的重要依据,更是教师与学生交流互动的媒介。无论对于教师的教学还是学生的学习而言,教材都有着深刻的影响。在我国的大学英语教学中,教材是教师教学的主要依据,也是学生学习的重要导向,适合跨文化交际能力培养的教材是实现英语教学目标的关键。对此,在文化自信视域下,应有意识地对大学英语教材进行多维度开发,使英语教材更好地为实现英语教学的目标服务。

第九章　文化自信视域下大学英语教材与教学评价的改革

一、英语教材简述

随着我国改革开放步伐的加快和中国加入 WTO，使用多年的这套教材反映出了"内容陈旧和忽视对学习者交际能力的培养"等问题。我国大学英语教学面临新的挑战，人们纷纷探求适合我国国情的新的教学路子。教材作为教改的一个重要方面，作为教学思想的一种载体，理应有新的作为。我国大学英语界经过长达五年的酝酿、调查、探索，终于在 1999 年 9 月完成了对《大学英语教学大纲》的修订工作，并正式公布使用。

新的大纲、新的形势，呼唤着新的教材。随着大学英语教学改革的进一步发展，大学英语教材的编写引起了人们更多的关注。大学英语教材的发展呈现出一系列的特点。一方面，教材不断地迈向系统化、层次化、精细化和考试化。大学英语教材的编写从最初全国理工科通用的大学英语教材，到各具特色的大学英语教材；从以大纲为主要依据的教材编写，到结合其他教育政策以及考试大纲的教材编写；从着重培养阅读能力的教材，到各种能力分层培养、各种能力同等重要的教材，这一系列发展变化与大学英语的发展、社会发展、学生英语水平的提高等是分不开的。另一方面，教材在内容、题材和体裁上发生了变化。经过几十年的发展，大学英语教材内容不断丰富，题材和体裁更加多样，逐渐地涵盖到社会生活的各个方面，在教材分层次、分能力训练的同时，更加注重教材的体系性、整体性与一致性。

随着大学英语教学改革的推进，为了适应社会各界对大学生英语能力的要求，教育部颁布的《大学英语课程教学要求》对大学英语提出的教学目标为"培养学生的英语综合应用能力"。大学英语的改革导致大学英语教材的变化和教学系统的发展。《大学英语课程教学要求》对大学英语教材从编写到发行都产生了深远的影响。

二、文化自信视域下英语教材开发的主体与维度

大学英语教材的多维度开发需要考虑两个问题：一是开发的主体是谁？二是开发哪些维度？这两个问题也是大学英语教材多维度开发的要素，下面就做具体分析。

（一）文化自信视域下大学英语教材的开发主体

在整个课程教学活动中，教师居于主导地位，对整个教学活动有着重要意义。当然，他们也是教材多维度开发的主体。

虽然大学英语教师在展开授课之前都配备相应的教材，但是这些教材内容繁多、零散，因此对于大学英语教师而言，他们不仅需要将教学内容加工成与学生密切相关且操作性极强的任务，还需要激发、组织学生积极参与到具体的课堂教学实践中，引导学生完成学习任务。作为课程的实施者，大学英语教师需要不断适应既定课程，了解与挖掘课程设计者的主旨与意图，从而针对现有学生的水平与接受能力，设计恰当的课程资源，提升自身的教学实践能力。

（二）文化自信视域下大学英语教材的开发维度

一般来说，大学英语教师在实际的教学中可以对语言、内容与语境、教学过程、课程管理等层面进行加工与改编。笔者认为，教材的多维度开发也可以参考这些层面，具体总结为如下几个维度。

1. 语言维度

语言是一切教材内容的载体，其涉及的领域非常广泛，大体可以划分为两种：语言内容与语言技能，前者包含语音、词汇、语法、话语、语体，后者包含听、说、读、写、译等。这些内容纷纷呈现于教材的各个角落，并渗透于各种解释、课文、练习中。因此，就

第九章　文化自信视域下大学英语教材与教学评价的改革

语言维度来说,大学英语教材的多维度开发大体需要考虑如下几个问题。

(1)教材是否符合学生的学习需求。

(2)教材是否包含语音训练,如连读、重音等的训练。

(3)教材中是否保证了恰当的词汇数量,并且难度是否得当。

(4)教材中词汇的呈现是结构化的呈现,还是任意形式的呈现。

(5)教材中包含了哪些语法项目,是否设计了专门的语法练习。

(6)教材中是否充分覆盖了听、说、读、写、译这些项目,是否考虑了这些项目的融合。

2. 内容维度

就内容维度而言,大学英语教材的多维度开发需要考虑的是其中是否包含情感、文化层面的内容。语言与情境有着密切的关系,语言不能脱离语境而独立存在。如果教材开发者仅仅将语言视作抽象系统,那么这样的教材是很难提升学生在具体语境中的语言能力的。这就要求教材中必须呈现真实的语言运用内容,并融入一定的社会文化主题,这样才能真正提升学生的语言运用能力。

3. 结构维度

语言内容是根据一定的结构进行排列的,但是不管选择何种内容、用何种形式进行排列,都需要考虑学生学习的目的。虽然教材的结构体系可能有所不同,但是其与情境、功能等是紧密结合起来的。也就是说,大学英语教师需要从学生的接受水平、认知能力出发,选择合适的内容组织排列教材,在具体的实践中还要不断调整教材的顺序与进度,以满足学生的实际需要。

4. 能力维度

在交际中,知识与能力有着密切的关系,但是二者的获取途径存在明显差异。知识往往通过呈现、发现等手段获得，即便学生当时学会了，以后也可能会忘记；能力是依靠具体练习获得，学生一旦掌握了，那么就很难忘记。

在大学英语教材的多维度开发中，教师除了设计学生需要的语言知识、社会文化知识，还需要设计相应的语言技能。这是因为语言技能是学生学习的最终目的。具体来说，大学英语教师应该在教材中呈现听、说、读、写、译这五项技能，并保证听力材料、口语材料的真实性与恰当性、阅读材料的地道性与充足性、写作材料与翻译材料的适切性等。

三、文化自信视域下大学英语教材的选用

（一）大学英语教材的选择

随着英语教学的跨文化转型，现在的英语教学已经将跨文化能力的培养提升到了与语言能力培养同等重要的地位，在选择大学英语教材时就应对此加以注意，并体现这一理念。大学英语教材的选择应充分考虑跨文化交际能力培养的需要，在选用教材之前，教师和管理者应深入分析教材的优缺点，对教材进行全面评估，进而选择最佳的教材。

具体而言，在选择大学英语教材时，要充分考虑学生的学习动机、学习兴趣和语言水平；考虑所涉及的文化内容的广度以及系统性，注重文化信息和主题的呈现形式，注重文化传播的过程；考虑教材运用的实践性和可操作性；注重文化意识和跨文化交际能力的培养。当选择原版教材时，就要注意教材要满足教学实际的需要，也要考虑学生的语言能力和需要。

（二）大学英语教材的使用

课堂上如何使用教材，即如何保证学生、教材、教师之间的交互质量，对学生的文化学习和跨文化交际能力的培养起着重要的

作用。

每一个教学环境都有其独特性,而且受多种因素的影响,如学生的学习动机、资源的可供性、课堂的动态性、教学大纲的限制等。为了更有效地开展教学,切实培养学生的跨文化交际能力,教师需要对教材进行必要的改编。

具体而言,教师在使用教材过程中要具有一定的自主性、灵活性和创造性。教师在教学实践中以课本为主,同时辅助其他教学材料,也可以根据实际教学情况对教材进行必要的增减、改动和替代,科学、有效地使用教材。自主、灵活、创造性地使用教材具有显著的优势,即通过课本,教师可以获得课堂教学的通用框架,使教学有据可依;采用其他教学材料,可以弥补课本的不足;对教材进行必要的调整,能够有效满足学生的需要,也为多样性教学活动的开展和教学技术的运用提供了空间。对此,教师除了要依据教学大纲、教学目标、学生需求使用核心教材,还要自主地、灵活地、有选择性地利用、整合其他各类教材内容和多媒体技术、网络资源、影视节目等课程资源,并且根据学生的实际情况和教学需要对这些资源进行改编、加工等,以激发学生的学习兴趣,为学生提供练习的机会,满足学生的学习需求。需要注意的是,教师在对教材进行改编时,应首先对教材和教学环境有深入的了解,同时要充分考虑学生的实际情况,包括学生的学习动机、学习兴趣和学习风格等。

总体而言,教师在使用教材过程中,应不拘泥于课本,从实际情况出发,合理筛选、整合、利用教学资源,灵活、创造性地使用教材。

四、文化自信视域下大学英语教材的编写

文化自信视域下的大学英语教学对大学英语教材开发提出了新的要求,不仅要求大学英语教材符合外语教材的基本特征、基本编写原则,而且要求教材中的文化知识内容、教材的建设等

均符合跨文化交际能力培养的要求。

(一)大学英语教材的基本特征和编写的基本原则

在文化自信视域下的大学英语教学中,大学英语教材作为教学的主要载体,应该能够满足教师的教学需求,更重要的是能够满足学生的不同需求,能够潜移默化地丰富学生的文化知识,培养学生的文化素养,锻炼学生的自主学习能力、语言应用能力和跨文化交际能力。可见,切实将教材的编写与学生跨文化交际能力、实践创新能力的培养相融合并落到实处十分重要。具体而言,文化自信视域下的大学英语教材应具备以下几个基本特征。

第一,教学内容和语言与时代发展相吻合,能够反映快速发展和变化的时代。

第二,要梳理好专业知识、学科知识和语言训练之间的关系,并处理好它们之间的关系。

第三,教材不能局限于知识的传授,要着眼于对学生思维能力、鉴赏批评能力、文化能力和创新能力的培养。

第四,教学内容要重点突出,具有针对性和实用性。

第五,教材要能够与多媒体、网络等先进的教育技术相结合,并能充分利用这些教学手段。

就编写原则而言,大学英语教材的编写应遵循系统性原则、交际原则、认知原则、文化原则和情感原则。具体而言,大学英语教材应系统地介绍英语的基础语言知识和基本语言技能;大学英语教材中材料的选择和练习的设计要具有可操作性和实践性;大学英语教材中语言材料的编排和练习的设计要充分考虑英语学习的基本规律;大学英语教材中语言材料的选取要体现主流文化。

(二)大学英语教材的文化内容

文化自信视域下的大学英语教学对大学英语教材的文化内

第九章 文化自信视域下大学英语教材与教学评价的改革

容提出了相应的要求。大部分的教材都十分关注和重视对学生语言能力的培养,却忽视了对学生文化意识和跨文化交际能力的培养。实际上,大学英语教材应能够培养学生的实际交际能力,能帮助学生在实际生活中进行交际,教材中的文化内容应满足学生跨文化交际能力发展的需要。具体而言,大学英语教材的文化内容应体现以下特征。

第一,大学英语教材中的文化内容应体现国际性和跨文化特征,除了要涵盖英语国家的文化知识,还要包括丰富的国际性文化知识。在经济全球化和文化全球化背景下,英语已经成为一门世界性语言被人们广泛使用,越来越多的并非以英语为第一语言的人们开始学习和使用英语,并试图和不同对象进行交际,因此大学英语教材中不仅要包含英语国家的文化背景知识,还要包含其他非英语国家的文化背景知识,也就是国际文化知识。

第二,大学英语教材的文化内容应覆盖面广,并且具有多样性,能够体现关于人本身、环境、生活方式、文化等方面的多样化知识,能够体现文化内容的核心,即价值观。

具体来讲,大学英语教材的文化内容应体现在以下几个方面。

首先,大学英语教材应具有真实意义,也就是说大学英语教材中应包含目的语国家的文学、艺术、音乐等内容。

其次,大学英语教材应具有社会意义,也就是说大学英语教材应反映目的语国家的习惯、家庭、娱乐等。

再次,大学英语教材应具有语义意义,也就是说大学英语教材应体现语言的概念系统。

最后,大学英语教材应具有社会语言意义,也就是说大学英语教材应体现礼貌原则,能够让学生了解社会地位、年龄等对语言的影响,并能够帮助学生熟悉不同的写作文体。

除此之外,大学英语教材应包含本民族文化知识,丰富学生的本民族语言和文化知识,帮助学生树立文化自信,使学生能够用英语传播本民族文化。

(三)立体化的大学英语教材建设

建设立体化的大学英语教材,是指教材在类型上要多样化,在形式上要立体化,要实现文本、多媒体、网络相结合。也就是说,教材、教辅和学习资源要丰富多样,既要有印刷版,又要附有光盘,还要有网上版本和网络链接,便于学生通过网络进行自主扩展和练习。近年来,大学英语教材呈现多样化的发展趋势,不仅包括传统的纸质材料,还包括多媒体和网络学习资料。

随着现代信息技术的运用,立体化的教材能够提供丰富的语言知识和文化内容,能够展示大量的资源、实例、评论和研究发现,能够有效帮助学生进行知识构建。网络化教材中的文字、视频等资料能够引导学生深入了解文化话题,对此大学英语教材应广泛开发多媒体和网络配套资源,构建立体化教材资源库。

现在,大学英语教材的概念和内容发生了显著改变,教辅材料也日渐丰富和多样,涉及面广,形式生动有趣,深受学生喜爱。基于此,研究者指出,有必要加强有利于跨文化交际能力培养的立体化的大学英语教材建设。

有利于跨文化交际能力培养的大学英语教材建设的方式有很多,这里主要以英语影片在英语教学中的应用为例来说明立体化的大学英语教材建设对培养学生跨文化交际能力的作用。在我国,英语学习者缺乏英语学习的环境,缺乏到英语国家生活、学习和旅游的机会,而英语影片资料可以说是这种真实体验的代替品,它向学生展示了一个包含丰富文化知识的真实英语世界,为学生开启了了解英语文化的窗户。相比较而言,教师和传统的课本只能在有限的时间、有限的空间内展示有限的内容。

英语影片能吸引学生的注意力,激发学生的兴趣,使学生在观赏影片的过程中调动多种感官。例如,借助视觉元素,学生更容易理解对话的内容和情节,更能深切感受英美人的讲话方式;通过外语字幕,还能激发学生的阅读兴趣,培养学生的阅读能力。

第九章 文化自信视域下大学英语教材与教学评价的改革

实践表明,在大学英语教学中结合课本内容,选择和播放与课本内容相关的英文影片,有助于培养学生的跨文化交际意识和能力。在大学英语教学中,教师可以通过播放电影来帮助学生进行跨文化体验,为学生创设真实的跨文化情境,引导学生思考西方文化。教师还组织学生根据课本中所学的文化知识和价值观,对影片中的文化偏见展开讨论,进而加深学生的文化意识,引导学生建构多样化的文化。

第二节 文化自信视域下大学英语教学评价的多元化发展

当今时代,英语教学改革势在必行,这就需要一套与时俱进的教学评价体系与之相契合。想要形成一套完备的评价体系,除了应用本身的传统评价方式,还需要附加多元的评价体系才能实现。简单来说,就是要考虑当前教学的实际情况,用创新的思维丰富英语教学评价的内容与手段,从而提升英语教学评价的效果。因此,本文就对文化自信视域下大学英语教学评价的多元化发展进行分析。

一、英语教学评价简述

教学评价在长期的发展过程中形成了相对完善的体系,其中也有很多概念、理论依据为人们所熟知。为了帮助读者对教学评价有一个详细的了解,下面就针对教学评价的相关概念与理论基础进行分析。

(一)教学评价的相关概念解析

教学评价是教学目标得以实施的保障,评价内容、评价方式都会对教与学产生直接的影响。教学评价是英语教学的一项重要组成部分,其有助于提升教师的教学能力与学生的主动性。那到底什么是教学评价?下面对其进行简述。

1. 评价、评估与测试

很多人一提到评价,就将其与评估、测试等同起来,其实三者有着一定的区别与联系。简单来说,测试为评估与评价提供依据,评估为评价提供数据,评价是对教与学效果的整体评估。三者的关系可以表示为图 9-1。

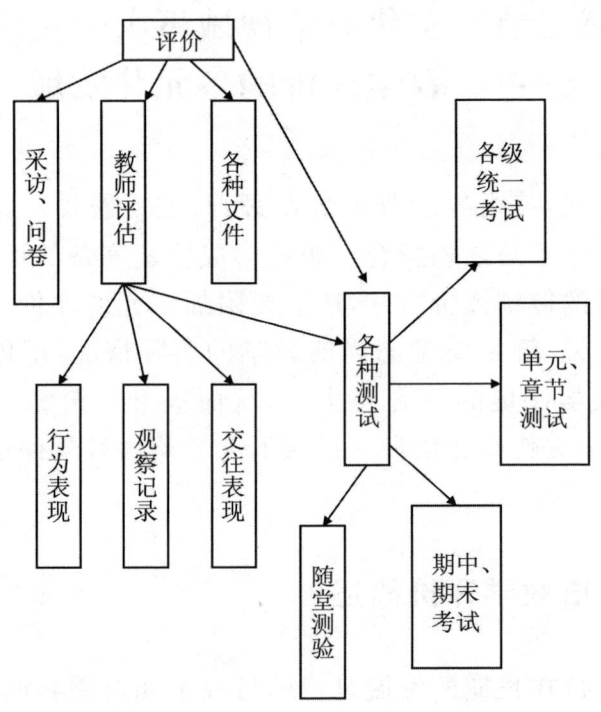

图 9-1 评价、评估与测试的关系

(资料来源:黎茂昌、潘景丽,2011)

从图 9-1 中可知,三者有着紧密的联系,又有着明显的区别。就关系层面来说,三者体现了一种包含与层级的关系。测试充当其他二者的支撑信息。在包含与层级关系的同时,三者又存在明显的区别,具体表现为如下三个层面。

第九章 文化自信视域下大学英语教材与教学评价的改革

(1)目的层面

三者的目标不同。就某一程度来说,测试主要是为了满足家长、学校的需要,因为他们需要知道自己的孩子或学生的情况,并且与其他学生是否存在差距。当今社会仍旧以应试为主,因此测试为家长、学校提供了很多信息,也是家长、学校关心的事情。评估主要是为教师、学生提供依据,如学习效果、学习中遇到的问题等,有助于教师提高教学的质量,也有助于学生提高自身的学习效率。评价有助于行政部门制定政策,对教学进行合理配置。可见,三者的作用不同,导致开展的范围与采用的方式也有明显的不同。

(2)数据信息层面

测试所收集的数据一般是学生的试卷信息,反映的也是学生的语言水平。从学生的语言运用能力层面来说,有些部分是无法用测试来评判的。评估可以划分为终结性评估与形成性评估两大类,前者依据的是测试,后者依据的是教与学的过程,注重学生对任务的完成、概念的理解等层面。当然,其依据更多的是定性分析,而不是定量分析。评价所依据的信息多为问卷、访谈、测试、教师评估等,是定量分析与定性分析的结合,是一种综合性评估。

(3)展示方式层面

测试的展示方式往往是考试,最终结果也通过分数排序来展现。相比之下,评估与评价往往是以鉴定描述或等级划分的方式展现出来。

2. 教学评价的界定

评价在人们的社会活动中广泛存在。有人认为,"评价是确定课程能否达到既定目标的一种手段"[1]。也有人认为,"评价是运用不同的渠道,对学生的相关资料加以收集,并将这些收集的

---

[1] B. Tuckman. *Evaluating Instructional Programs*[M]. Boston: Allyn & Bason Inc.,1979:1.

资料与预定的标准相比较,进而做出判断与决策的过程"①。还有人认为,"评价是对相关信息进行收集、综合、分析,从而用这些信息促进课程的发展,对课程的效度、参与者的态度进行评定"②。

但是,更多的人将评价等同于价值判断。就英语教与学来说,评价指的是学生能否得到某项能力,学生能否实现课程目标,教师的教学与学生的学习能否帮助学生实现既定目标的一种判断手段。

3. 教学评价的划分

由于评价的方式、内容等存在明显的差异,因此对评价的划分也有所不同,具体而言可以划分为如下几种。

(1)过程性评价与目标达成评价

所谓过程性评价,即在学习过程中,对学生的学习活动进行评价与判断,目的在于揭示学生的学习行为能否与学习目的相符,并且用于评判学生能否实现学习目标。评价的内容包含学习策略、阶段性成果、学习方式等。

目标达成评价既可以是对课堂教学目标达成情况的评价,也可以是对单元学习目标达成情况的评价,还可以是对学期教与学目标达成情况的评价,其包含理解类、知识类与应用类三种目标达成评价方式。理解类目标评价方式表现为解释与转化,往往会采用阅读理解、听力理解等方式,或对阅读文本、听力文本进行选择与匹配等。知识类目标评价方式主要表现为对知识掌握情况的评价,并采用再次确认的方式,一般选择、填空都属于这类评价方式。应用类目标评价方式即采用输出表达的方法,要求学生根据阅读与听力材料进行转述或表达。

(2)表现性评价与真实性评价

所谓表现性评价,是指让学生通过完成某一项或者某几项任

---

① K. Montgomery. *Authentic Assessment: A Guide for Elementary Teachers* [M]. Beijing: China Light Industry Press, 2004: 8.
② 李雁冰. 课程评价论[M]. 上海:上海教育出版社,2002:113.

第九章　文化自信视域下大学英语教材与教学评价的改革

务,将自身所掌握的知识与技能表现出来,从而对其获得的成就进行评价。[①] 简单来说,表现性评价就是通过对学生完成任务的表现情况及获得的成就进行的评价。表现性评价属于一种发展性评价,其核心在于通过学生完成现实的任务,将自身所掌握的知识与技能展现出来,从而促进自身学习的进一步发展。一般来说,表现性评价具有如下几点特征。

其一,属于教学过程的一部分,其要与课程教学相互整合。

其二,其关注的是学生知识与技能的发展,而不是对知识与技能的再次确认与回忆。

其三,一般情境都是真实的,需要学生解决现实学习中遇到的问题。

其四,学生需要完成的任务一般较为复杂,往往需要学生将多个学科的知识与技能相融合。

其五,对于学生的发散性思维是非常鼓励的,也允许不同的学生给出不同的答案。

其六,其是形成性评价与终结性评价的结合。

综合来说,表现性评价有助于对学生的学习过程与学习结果展开更真实、更直接的评价,能够将学生的文字、口头等表达能力以及想象力、应变能力等很好地展示出来,因此对于英语教学是非常适用的。

所谓真实性评价,是指基于真实的语境,对学生的表现进行评价,是一种要求学生完成真实任务之后,对自身所学知识与技能的掌握与运用情况进行的评价。与表现性评价相比,真实性评价更加强调真实,即任务的真实,一般来说其任务都是人们现实生活中遇到的问题。

真实性评价也具有表现性评价的那些特征,是表现性评价的一大目标。由于真实性评价要求评价成为教学过程的一个重要组成部分,因此真实性评价也具有形成性评价的特征。同时,真

[①] 魏亚琴. 新课程下学生评价方式的变革——浅谈表现性评价[J]. 辽宁教育行政学院学报,2004(110):63-64.

实性评价又注重任务的整体性与情境性,对终结性测试有很大的影响,因此真实性评价又具有了终结性评价的特征。可以说,真实性评价融合了多种评价手段,是多种有效评价手段的结合。

(3)形成性评价与终结性评价

所谓形成性评价,即在教与学的过程中,通过对信息进行收集与整合,进而促进教与学的发展。简单来说,形成性评价即在教学过程中,教师与学生获得反馈信息,对教与学加以改进,让学生真正地掌握知识的系统评价手段。一般来说,形成性评价具有如下几个特点。

其一,往往作为教与学的一部分而在教与学过程中呈现。

其二,不是将等级划分作为目标,而主要将指导、诊断、促进等作为目标。

其三,学生往往充当主体的作用参与其中。

其四,评价的依据是在各个情境下学生的表现。

其五,通过有效地反馈,教师确定学生的水平是否达到预期。

所谓终结性评价,是一种对教师的教学与学生的学习结果的评价,是在教学结束之后,对教与学目标实现程度所进行的评价。[1]因此,其又可以称为"总结性评价"。从定义中可以看出,终结性评价往往出现在教与学结束之后,用于对目标达成情况进行的评价。因此,这一评价方式有时可以等同于之前讲述的目标达成评价。

(二)英语教学评价理论基础解析

1. 英语教学评价的功能

英语教学评价能够不断促进学生在学习过程中的成功与进步,从而使学生能够真正地认识自我,促进他们综合能力的发展。另外,英语教学评价能够为教师提供反馈信息,从而不断改进自己的教学情况,提升自身的教学水平。总体而言,英语教学评价有如下几点功能。

---

[1] 鲁子问,王笃勤. 新编英语教学论[M]. 武汉:华中师范大学出版社,2006:215.

第九章　文化自信视域下大学英语教材与教学评价的改革

（1）导向与促进

英语教学评价应该有助于英语教学目标的实现。众所周知，英语教学评价不仅需要评价学生对知识的掌握情况，还需要评价学生的学习态度、发展潜能等，只有通过综合性评价，学生才能在英语学习中保证积极的态度，从而形成有效的学习策略，并且具备跨文化的意识。英语教学评价应该为英语教学目标服务，这样就要求学生从目标出发，对自己的学习计划加以制订，并不断检验自己的学习方法与学习成果，这样才能将自身的潜力挖掘出来，提升自身的学习效率。因此，英语教学评价对于学生来说有着积极的导向作用。

英语教学评价会对学生日常学习表现、学生学习中获得的成绩、学生学习的情感与态度等展开评价，通过对学生学习的激励，可以帮助学生对自己的学习过程加以调度，让他们逐渐获得自信心与成就感，培养学生之间的合作精神。为了让评价与教学过程有机融合，学校与教师应该采用宽松、开放的评价氛围来评价学习活动与效果，可以建立相应的档案袋等，这样对教师与学生进行鼓励，从而实现评价的多元化。

（2）诊断与鉴定

英语教学评价对教与学的情况进行了整体评判。在教学过程中，学校往往会通过评价量表等对教师的教授情况、学生的学习情况展开检测，这样便于学校、教师、学生了解具体的教与学情况，判断学生学习过程中有无偏差，从而找出出现问题的原因，加以改进与提高。

（3）反馈与调节

师生通过问卷访谈等，发现教与学中的优点与不足，对教与学过程中的得失进行评价。通过评价，教师以科学的方式反馈给学生，促进学生建立更为全面与客观的认识，为下一阶段的教与学规划内容与策略，有效地开展教与学活动。

（4）展示与激励

英语教学评价对学生的学习过程是非常关注的，让学生认识到自身学习中的成功之处,不断鼓励自己,获得更大的成功。当然,教师还需要适当地提点学生学习中的错误,让他们产生一种焦虑感,从而更加勤奋地参与到英语学习中。这种正反鼓励方式都会不断提升学生学习的主动性与积极性。

2. 英语教学评价的原则

在英语教学评价中,还需要坚持一定的原则,这样对于评价的实践有更好的指导意义。以这些评价原则为基准,教师才能更好地制订出与学生实际情况相符合的评价手段与方法。下面就对英语教学评价的基本原则进行探讨。

(1)主体性原则

所谓主体性原则,即英语教学评价主体需要考虑教学价值主体本身——学生的需求,对教学价值客体进行评价。

在学习中,学生处于主体地位,但是传统的英语教学评价仅将教师作为核心地位,认为教师充当的是教育主体的地位,是知识的灌输者,而学生仅是知识的被动接受者,这样导致教学评价主要是针对教师来说的,评价的内容也主要是教师的教学情况。表 9-1 是一个典型对教师评价的体现。

表 9-1 教师课堂教学评价表

项目	内容	权重	得分
教学目标	(1)是否体现明确的教学目标、教学大纲、教材的特点,是否与教学实际相符 (2)是否落实了教学知识点,是否培养了学生的能力 (3)是否将德育教育寓于知识教育之中	15	
教学内容	(1)教材的处理是否恰当,是否突出了重难点,是否突破了重难点 (2)教学组织是否有清楚的条理,是否简明扼要,是否准确严密,是否难度适中 (3)教学训练是否定向,是否有广度,是否保证强度适中	25	

第九章　文化自信视域下大学英语教材与教学评价的改革

续表

项目	内容	权重	得分
教学方法	(1)教学的设计是否得当,是否体现了教学改革的精神,是否处理好主导与主体之间的关系问题 (2)教学是否有合理的结构,是否做到教学方法的灵活性,是否将各个环节分配恰当 (3)教学是否有开阔的思路,是否采用现代化的教学手段,是否能够将学生的学习兴趣激发出来 (4)教学是否注重学习方法与学习习惯的指导	25	—
教学基本功	(1)教学中是否运用了清晰、生动、规范的语言 (2)教学中是否保证书写的清晰与特色鲜明 (3)教学中是否有自如的神态,并且保证大方得体	15	—
教学效果	(1)教学中是否保证热烈的气氛,是否给学生留下了深刻的印象 (2)教学中是否能够面向全体同学,是否完成了教学任务,是否实现了良好的教学效果	20	—
综合评价	—	总分:	等级:

(资料来源:任美琴,2011)

显然,从表 9-1 中可知这类评价主要是评价学生能否接受教师传授的知识以及接受的程度;评价学生的学习情况来对教师的教学内容与教学方法的合适程度进行审查;评价教师的学习策略是否得当等。简单来说,这种教学评价是为教师服务的,并没有展现出学生的主体地位。

当前的教学强调有效教学,即发挥学生的认知主体地位,因此教学评价的对象需要从以教师为主导转向以学生为主体,对学生学习情况的评价内容与手段应该从单一转向多元,如对学生学习动机、学习兴趣等都可以进行评价。基于此,教学评价的对象才能转向学生,当然这里并不是说不对教师进行评价,只是说以学生的评价为着眼点,为学生创造更多适合学生学习的环境,并且对教师的评定标准也是通过考虑学生来制订的。

因此,主体性原则要求将学生作为评价主体,即评价活动以学生的发展作为目标,评价设计要有助于学生的多元化、个性化发展,发挥学生的主观能动作用,帮助学生形成积极的态度,同时不能损害学生的自尊心,要对学生予以爱护与尊重。

(2)过程性原则

英语教学评价应该坚持过程性原则,这主要体现为两点。

其一,全程性,即评价要在学生学习的全过程得以贯穿。

其二,动态性,即对发展过程加以鉴定、诊断、调控等,对整个过程的发展方向加以把握。

英语教学评价对于过程评价非常关注,因为其有助于提升学生的学习兴趣,增强学生英语学习的动机与主动性,从而有助于他们的自主学习。

(3)多样化原则

英语教学评价应该坚持多样化原则,这主要体现为三大层面。

其一,评价主体要多样化,即不仅涉及教师,还涉及家长、学生等,通过宽松、开放的评价氛围,对教师、家长、学生的参与予以鼓励。

其二,评价形式要多样化,即对学习过程予以关注,要从不同的内容与对象出发,考虑采用自评、互评等评价方式。

其三,评价手段要多样化,既可以是教师观察,也可以是学生量表等,教师从不同学生的学习差异与策略出发,采用恰当的评价手段,选择适合他们自己的评价方式,从而彰显学生自身的优势,让每一位学生都可以体会到成功的喜悦。

(4)实效性原则

英语教学评价强调实效性,即主要是从教育的现实意义与评价行为等层面考量的,其要求在具体的评价实践中,能够将评价的实用价值体现出来。

第九章 文化自信视域下大学英语教材与教学评价的改革

英语教学评价的实效性原则不要使用烦琐的程序,但是要保证评价的时机与质量,因此在设计评价内容与方式时,不能与英语教学的目标相脱离,要非常关注评价之后产生的实际效果。

(5)发展性原则

英语教学评价应该为学生的发展服务,注重学生信心的树立,发现学生发展过程中所出现的问题,通过反馈对这些问题进行解决,促进他们更好地向前发展。对于发展性原则,一般包含如下几点。

其一,发展性原则要求英语教学评价应该从学生主体出发,将学生的需求作为出发点与落脚点。

其二,发展性原则要求英语教学评价的目的在于促进学生的发展,即只要是对学生发展有利的层面,任何手段与技术都可以运用其中。

其三,发展性原则要求英语教学评价对每一位学生的个性特点与原有基础有所把握与关注,从而为每一位学生获得最佳的发展而做出努力。

通过评价,教师才能更好地引导学生对自己的原有基础、认知水平等进行鉴定,认识自己在发展过程中的不足,从而有针对性地进行改进与调整,对自己的学习过程进行优化,使学生获得最佳的发展。除此之外,发展性原则还要求教师对学生的态度、情感等进行关注,以帮助学生形成正确的价值观。

二、文化自信视域下英语教学评价多元化的必要性

(一)传统教学评价落后于前沿理论

目前,我国教育体系已经进行了多方面的改革,取得了较大的成果,这导致传统教学评价已经落后于当前的教学系统,表现在重视结果、轻视过程,重视定量、轻视定性,重视教师、轻视学生上。

1. 重结果、轻过程

在传统英语教学中,教师多使用终结性评价方式来评价学生,很少使用形成性评价方式。利用终结性评价,教师往往只重视对结果的评价,无法对学生学习过程中的情况进行把握。换言之,教师只有在期中、期末考试中才能了解学生掌握知识的情况,了解学生是否达到了学习目标,而对学生学习过程中的学习情况丝毫不知情。此外,期中、期末考试题目设计有限,教师并不能把一个学期所讲授的所有内容都放在考试题目中,因而所选择的考试题目或许存在片面性、偶然性,这对于学生的整体学习而言都是极其不利的。

2. 重定量、轻定性

在传统英语教学评价中,教师往往只重视定量评价学生,完全忽视了从定性层面来评价学生。虽然定量评价具有一定的优点,如可以准确反映评价对象的学习成果,并且方便对评价成果进行统计与分析,然而对于学生学习过程中并不能进行量化的内容,定量评价就无法进行合理评价,所以想要全方位地对学生展开评价,就不能仅采用定量评价方式,而需要将定量评价与定性评价相结合来进行。然而,定性评价在大学英语教学中受到的重视程度依然不够,还需要教师在这方面努力改进才可以。

3. 重教师、轻学生

在传统教学评价过程中,教师居于主体地位,是不可或缺的部分,教师对于学生而言,始终处于居高临下的地位,学生往往处于被动地位或者被忽略的位置,这对于学生自主学习积极性的培养来说是十分不利的。

(二)传统教学评价难以适应时代发展

在我国英语教学的发展过程中,很长一段时间采用的都是应试教育方式,教学评价的目的很明确,即选拔人才,将考试作为评价教师教学成果以及学生学习成绩的重要方式。然而,时代在发展,社会在进步,全球化格局的形成将世界上的各个国家带入一个多元化的格局中,各国文化都进行着前所未有的交流与碰撞。另外,科学技术也在飞速发展,将人类带入信息化时代,在这样的发展趋势下,我国应试教育的弊端也越来越明显。

应试教育不合理的评价方式导致英语教学评价内容的不全面,仅重视学生学习中认知的发展情况而忽视智力的发展情况。事实上,兴趣、态度、情感、习惯等非智力因素对学生的英语学习产生着重大影响。如果在教学过程中仅重视对语言知识的学习,忽视对语言能力的培养,那么就会造成学生只是记住了英语知识,并不能将这些英语知识运用到具体的交际实践中。由此可以看出,对传统英语教学评价进行改革十分必要。

三、文化自信视域下英语教学评价多元化的体现

英语教学评价反映的是大学英语教学的目标和内容,而文化评价必然反映的是大学英语文化教学的目标和内容。当前,文化评价是文化自信视域下大学英语教学中的薄弱环节,也是最难解决的问题,其主要原因有如下两点。

一是缺乏一套与真实文化能力相关,同时又能被观察与分析的教学目的。

二是传统的大学英语教学评价中思想和方法过于陈旧,亟待更新。

基于这些问题的存在,对文化自信视域下的大学英语教学评价的内容进行分析显得尤为重要。

（一）评价文化意识

在大学英语教学中，培养学生的文化意识显得十分必要，因为这样有助于学生在跨文化交际实践中了解不同背景下人们的行为方式，对他国文化有所了解，并采用积极的心态对他国文化进行学习与认知。因此，大学英语教学评价的内容必然包含文化意识评价这一项。

（二）评价文化知识

在文化自信视域下，文化知识评价也是大学英语教学评价的一项重要内容，具体表现为如下两点。

其一，交际双方的社会文化知识。

其二，交际双方在交际过程中，需要运用到对交际进程加以控制的社会文化规则等知识。

（三）评价文化技能

除了文化意识与文化知识，文化技能评价也是文化自信视域下大学英语教学评价的一项重要内容，具体包含如下两点。

其一，对两种文化进行理解与说明的技能。

其二，对新信息得以发现、并在交际中得以运用的技能。

四、文化自信视域下英语教学评价方法创新的表现

（一）文化意识评价的方法

对文化意识的评价主要可以采用以下几种方法。

1."社会距离"量表

在文化自信视域下，文化背景不同，社会心理距离也必然存在差异，社会距离量表就是对他们进行的社会心理距离测试，如表 9-2 所示。

第九章　文化自信视域下大学英语教材与教学评价的改革

表 9-2　"社会距离"量表

	1. 作为结婚对象	2. 作为亲密朋友	3. 作为邻居	4. 作为同事	5. 仅作为认识的人
法国人					
西班牙人					
美国人					
英国人					
日本人					
阿拉伯人					
俄国人					

（资料来源：严明，2007）

2. 问卷评价

在文化自信视域下，问卷评价是一种常用的评价方式，主要对学生的自尊心进行检测。一般来说，问卷评价的方式可以是口头的，也可以是书面的，受试者通过回答"同意"与"不同意"来进行测试。

3. 单一文化态度评价

单一文化态度评价是由格赖斯提出的，受试的题目是对多种态度的描述，受试者需要根据自身情况来进行评判。

（二）文化知识与技能评价方法

上面分析了文化意识的评价方式，下面就来分析文化知识与文化技能这两个层面。

1. 语言和社会变量的相互作用

人们的话语与行为往往会受到一些变量的影响和制约，如年龄、性别等。在跨文化交际中，交际双方需要对这些变量有所把握，这样才能使交际更加有效、顺畅。因此，在大学英语教学评价中,对学生语言与社会变量的评价是一个重要方法。

2. 对文化观点的评价

学生应该具备概括英语国家文化的能力,同时对已有观点加以评价与修改。对文化观点的评价,一般有如下方法。①

题目:评价10个用英语给出的对德国文化做出的概括,分别给出下列结论。

(1)可能正确。
(2)可能错误。
(3)我不知道其是否正确。

对于可能错误的概括,需要找出对错误进行驳斥的依据。对于不知道是否正确的概括,需要给出你所认知的附加信息,以便添加这些信息后得出结论。

要求:10个概括应在评价时给出。答题时间为45分钟。

评分标准:必须答对80%或80%以上。

在文化自信视域下,大学英语教学评价可以是填空形式、判断形式、选择形式,也可以是主观题形式,但是无论采用何种方式,目的都是评测学生的文化知识掌握情况,这样才能将评价的效果体现出来。

(三)网络系统文化评价法

在网络影响下,英语文化教学评价体系也得到了进一步完善与发展。当前,基于网络技术构建的英语文化评价系统有如下几个方面。

1. 网络实时评价系统

网络实时评价系统以网络通信手段为依托,通过利用文字、图像、音频、视频等方式进行相互交流,在沟通过程中实现具体的

---

① 严明. 跨文化交际理论研究[M]. 哈尔滨:黑龙江大学出版社,2009:204.

第九章　文化自信视域下大学英语教材与教学评价的改革

评价。利用这一评价系统,学生可以不再受时间、空间方面的限制,及时获取教师的有效反馈。这一系统可以帮助教师有效监控、管理学生的学习,可以大大提升学习效率。

2. 网络考试系统

网络考试系统通常涉及针对学生的考试系统、题库系统、自动批阅系统等。学生可以随时随地登录这一系统,通过从题库中抽取试题进行回答,在完成之后就会给出结果,系统会对学生的题目回答情况进行评判。教师可以利用这种系统进行阶段性测试或者综合性测试,学生也可以自由控制题型、时间、难度等。网络考试系统通常可以自动生成答案,并且给出评估报告,对学生的学习风格、学习效果、学习倾向等进行汇报。

3. 网络答疑系统

网络答疑系统一般包括在线讨论、互动交流两种形式。当前,很多外语教学网站中都设置了在线互动讨论区,学生在这个讨论区中可以自由发帖发表自己的学习看法与成果,并通过回帖与其他学生进行沟通与互动。网络答疑系统可以对学生提出的知识难点进行记录,教师可以通过系统记录的难点分析学生的学习情况,并进而发现自己教学中存在的问题,及时调整与改变教学策略。通过网络答疑系统的搜索引擎功能,学生可以通过关键字搜索等技术快速得到问题的答案。

4. 网络多媒体考试系统

网络多媒体考试系统是针对网络在线考试系统的进一步改进之后所形成的。在传统文本考试的试卷上,网络多媒体考试系统增加了一些多媒体数据,如音频、视频、图像、漫画等,利用虚拟现实技术组建虚拟的考试环境,非常适合运用到英语网络教学评价中。网络多媒体考试系统使得全面、多元的评价成为可能。

第十章 文化自信视域下学生思辨能力的培养

近十多年的时间,思辨能力的培养越来越受到人们的关注。思辨能力不仅是一种思维能力,还是一种气质。但现实情况是,我国的英语教学过分对学生的语言知识与技能展开教学,忽视了对学生思辨能力培养这一层面。基于此,本章就将思辨能力融入大学英语教学之中,在文化自信视域下探讨学生思辨能力的培养问题。

第一节 大学英语教学中培养学生思辨能力的内涵与意义

在当今时代,随着经济全球化进程的加快,具有创新能力与精神的人才逐渐被国际社会关注,并成为焦点。培养创新型人才的关键在于提升他们的思辨能力。因此,在大学英语教学中,应该努力培养学生的思辨能力。本节就对大学英语教学中培养学生思辨能力的内涵与意义展开分析和探讨。

一、大学英语教学中培养学生思辨能力的内涵

思辨能力,英文是 critical thinking skills,这一术语最早在西方国家广泛使用。在希腊语中,critical 是由 kritikos 和 kriérion 两个词根构成的,前者指的是"有眼力的判断";后者指的是"运用

第十章 文化自信视域下学生思辨能力的培养

恰当的评价标准进行有意识的思考,最终做出有理据的判断"。

著名学者马修·李普曼(Matthew Lipman)指出,思辨能力是一种思维能力,其可以帮助人们做出判断,并且是负责任的判断。当然,思辨能力需要依据一定的标准,并不是毫无根据的,其对于自我的反思与校正意义巨大。

美国学者罗伯特·恩尼斯(Robert Ennis)对"思辨思维"的概念进行了认真的分析,认为其是为了相信什么或者做什么而展开的反思性的思维。

在中国,不少学者会将critical thinking skills译为"批判性思维能力"。但是,文秋芳(2008)提出了不同的观点,认为翻译是对原义的歪曲。她指出,critical thinking skills应该译为"高层次思维能力"。

朱智贤和林崇德(2002)认为,思维能力是人脑的一种高级认知能力,是人脑对客观事物规律的一种概括与间接反映。

总而言之,critical thinking skills这一术语是从西方传入我国的,其共同的基本要素就是理性思维。可见,不管国内学者如何界定,将其翻译为"批判性思维能力"或"思辨能力",其核心都是一样的。

二、大学英语教学中培养学生思辨能力的意义

(一)是我国高等教育的一个核心目标

实践能力与创新精神的前提就在于思辨能力。《中华人民共和国高等教育法》的总则指出:"高等教育的任务是培养具有创新精神和实践能力的高级专门人才……"可以看出,在我国的大学英语教学中,培养学生的思辨能力是非常重要的,其是培养学生创新能力的关键与具体体现。

(二)是世界一流大学和一流学科追求的共同使命

在西方教育界中,人们普遍认为思辨能力的培养是非常重要

的。例如，哈佛大学的一个重要教学使命是 Rejoice in Discovery and Critical Thought，即鼓励学生进行自由表达，鼓励学生发现与思维。剑桥大学也认为学生应该具备怀疑的态度，还将思辨能力视作入学考试的一部分。耶鲁大学英文系要求当学生完成一定程度的文学作品之后，要获得洞察人类经验的能力，并成为分析思考者。

与西方教育相比，中国的教育对于基础知识的掌握更为关注，但是随着教育改革的推进，能力的培养也进入了中国学者与教育者的视野，并作为大学英语教学的一项重要内容，这也是一个进步。

（三）可以提升学生的可迁移能力

对于学生来说，学校教育除了向他们传授基础知识外，还推进了他们能力的进步与发展，如对问题的发现与解决能力、展开自主学习的能力、接受挑战的能力等。这些能力会在以后的学习与工作中常常被用到。可见，这些能力是学生的一笔财富。

总之，思辨能力是当代学生必须具备的一项能力，因此大学英语教学中也应该努力培养学生的思辨能力。

第二节　影响大学英语教学中学生思辨能力培养的因素

如前所述，我国当前的大学英语教学应该努力培养学生的思辨能力，但是思辨能力的培养是当前教学中的一个薄弱环节，因此找出影响学生思辨能力培养的重要因素，在此基础上将重难点突破，建构多种模式是当前大学英语教学中学生思辨能力培养的重要方式。

第十章　文化自信视域下学生思辨能力的培养

一、外部因素

关于影响学生思辨能力发展的外部因素,不少学者做过相关的调查和研究。韦晓保(2012)以上海外国语大学、华东师范大学、上海师范大学、上海财经大学四个学校英语专业三年级共197名学生为研究对象,通过调查和访谈的方式得出了影响学生思辨能力发展的七类外部因素,如表10-1所示。

表10-1　影响学生英语思辨能力发展的外部因素

排名	影响因素	提及次数	百分比(%)
1	评价标准	141	71.6
2	测试体系	134	68.0
3	教学模式	132	67.0
4	课程设置	127	64.5
5	教材	110	55.8
6	学习方式	107	54.3
7	教师	104	52.8
8	其他	6	3.0

(资料来源:韦晓保,2012)

以上七类因素对学生的英语思辨能力发展有重要的影响。

(一)评价标准

从对英语能力的评价而言,传统的评价体系仅侧重于对学生语言表达的流利性的研究,忽视了表达的准确性与复杂性,因此导致很多学生虽然能够说出一口流利的语言,但是仔细分析他们所说,他们的内容显得非常空洞与匮乏。尤其是在大学英语写作中,他们写作的内容往往都是套话,缺乏创新性,这就是学生缺乏思辨能力的表现。

(二)测试体系

当前,我国的英语学习还具有明显的应试倾向。各类的考试主要是对学生听、说、读、写、译的考查,并未对学生的思辨能力情况进行评估,这就导致了考试形式的固定化。

(三)教学模式

在大学英语教学中,很多教师将教学的重点置于语言点的讲解以及技能的训练上,对学生的需求与个性未得到重视,也未注意到学生独立思考与分析判断能力的培养。

(四)课程设置

一般来说,到了大三、大四,学生的英语专业课很少,并且受语言水平的限制,他们的思辨能力训练空间是非常有限的。另外,我国的英语课程设置与教学实践多训练的是接受性技能,缺乏对学生需求的分析和考量,这也是忽略学生思辨能力的培养。

(五)教材

对于大学英语教材,很多研究中都涉及这一点,但是实际上,其语言水平与高中阶段很接近,有的甚至较低,这就导致了大学英语教材的编写不符合大学生的认知水平。很多低难度话题的出现,是很难引起学生学习的兴趣和积极性的,同时不利于对学生思辨能力的培养。

(六)学习方式

有些学生在英语学习时以模仿、记忆、重述为主要的练习手段,不利于其分析、推理技能的发展。

(七)教师

很多教师迫于教学的压力,并不愿意利用自己的审美体验、生活经验等对课文加以创意性的诠释。教师对学生提出的问题也未给予应有的重视,师生之间缺乏沟通,教师缺乏主观能动性,对于教材内容过分拘泥,这就导致其很难培养学生的思辨能力。

(八)其他

上至国家教育行政部门,下至学校、教师,对思辨能力的重视程度也是影响学生思辨能力培养的重要外部因素之一。在我国,由于诸多原因,思辨能力的培养还未引起政府和教育界的足够重视。但是,在以美国为代表的西方国家,思辨能力培养早已成为高等教育的重要目标。美国政府在1991年把思辨能力作为教育改革实验课纳入国家教育纲要,并在1993年将其列入大学教育目标。英国、加拿大、澳大利亚和新西兰等国家也有40%以上的大学开设了培养思辨能力的课程。

二、内部因素

(一)智力因素

学生的智力结构是一个整体,在智力发展中所涉及的问题与这个结构及其各成分之间的关系密切相关。学生智力的表层结构和里层结构有两个含义。

第一,学生的每一种智力活动或者认知活动都有表层结构和里层结构之分。具体而言,学生对各种风格和寓意的理解,对表象的显现水平及对整体与局部、外部与内部的把握,都要结合对这些对象的认识方式及其中的思维,将自我与当下环境结合起来形成一种整合性的、连续性的整体。

第二,学生智力活动中的非智力因素(或非认知因素)在智力活动中应看作一种里层的结构。在语言学习中,学生对语言学习的态度、兴趣、动机、学习的意志以及学习者自身的个性、情感等都属于非智力因素,并且它们对智力活动起到一定的促进或阻碍的作用。

同龄或同年级的语言学习者,他们在智力发展水平上是不一样的。大致来说,智力在全人口中表现为常态分布。智力发展或某种能力水平明显超过同龄或同年级者,称为"超常";智力发展或某种能力水平明显低于同龄或同年级者,并有适应行为障碍,称为"低常";智力发展成各种能力水平没有明显偏离正常和没有障碍者,称为"正常"。这里所说的"发展水平"表现为智力发展的个体差异。

学生的智力因素对其思辨能力有影响作用。智力因素影响着个体的语言认知能力。通过对日常英语课堂教学的观察也可以看出,不同智力水平的学习者的理解、记忆和推理等思辨能力是存在差异的。智力水平较高的学习者能较快速地更新头脑中原有的认知结构,并形成独具个性的学习方法。智力水平一般的学习者则需要在教师明确的指示或帮助下,才能很好地吸收和内化新知识。

(二)认知因素

认知能力是指人脑接收、存储、加工、提取信息的能力,具体地说,认知能力是指人们对事物的构成、与其他事物的联系、发展的方向和动力及对事物的基本规律的把握能力。记忆、观察、思维、直觉、想象、注意都属于认知能力的范畴。

美国心理学家班杜拉(Bandura)在20世纪50年代提出了社会学习理论,早期强调经由示范、强化或惩罚而习得某些特定行为。随着时间的发展,他开始关注通过认知因素,如期望和信念等对学习的影响。到20世纪80年代,班杜拉将自己的观点命名为社会认知理论(Social Cognitive Theory)。

社会认知理论的核心是三维交互决定论(Triadic Reciprocal Causation),即人的行为不是外界刺激的单向作用产物,而是环境、个体特征、行为自身相互影响的结果。图10-1展示了三维交互观的核心概念和运作机制。

第十章　文化自信视域下学生思辨能力的培养

图 10-1　三维交互观

（资料来源：孙旻，2014）

此外，认知风格也是影响英语学生思辨能力培养的因素之一。学习者的认知风格是习惯性使用的结果，一般不是经过自主选择形成的，并且不受教学方式和教学环境的影响。

认知风格一般有两种类型：场独立型（field-independent）和场依赖型（field-dependent）。认知风格对学生思辨能力的影响如表 10-2 所示。

表 10-2　不同的认知风格对思辨能力的影响

学习策略	认知风格	
元认知策略	场独立	场依赖
1. 确立学习重点	根据自己的评估去做	如果有人劝告他，他就做
2. 计划自己的学习	感到很自然	感到不自然
3. 评价自己的学习	感到很自然	感到不自然
社会交际策略	场独立	场依赖
1. 问问题	只问与自己学习有关的问题	喜欢问问题
2. 与别人合作	感到不自然	感到很自然
3. 设身处地为别人着想	感到不自然	感到很自然

（资料来源：严明，2007）

(三)性格特点

心理学上,个体的性格有外向型(extrovert)和内向型(introvert)之分。学习者的性格特征会影响其思辨能力的形成和发展,这也许可以用来解释外向型性格的英语学习者要比内向型性格的英语学习者更善于言谈的现象。不同性格的学习者在理解方式和思维方式上都有很大的不同。表 10-3 可以较直观地体现不同性格的学习者在外语学习中的不同表现。

表 10-3　性格因素在外语学习中的表现

外向型学习者	内向型学习者
讨厌一成不变的教学方法和学习方法	喜欢固定的教学方法和学习方法
讨厌长时间进展缓慢的学习	不介意长时间地学习语言的形式和内容
对自己和他人如何学习感兴趣	对学习中的理论感兴趣
通过与他人的交流获得语言技能	通过独立的思考获得语言知识
喜欢面对面的口头交往	喜欢书面交往
敢于冒险,勇于使用第二语言进行直接的交流	在使用第二语言表达前一般会先在头脑中预演

(资料来源:严明,2007)

第三节　文化自信视域下学生思辨能力的培养模式

在文化自信视域下,从如下几大层面分析学生思辨能力的培养模式,以期从英语教学的各个环节出发,对学生思辨能力的培养进行全方位的思考,真正培养出语言技能和思辨能力俱佳的英语人才。

第十章　文化自信视域下学生思辨能力的培养

一、从管理层面培养学生的英语思辨能力

英语教学首先应该从管理层为学生思辨能力的培养创造条件。具体来说,学生英语思辨能力的培养要以情感培养、学科内容、课程设置、教育法规以及形成性评估为基础(如图10-2)。

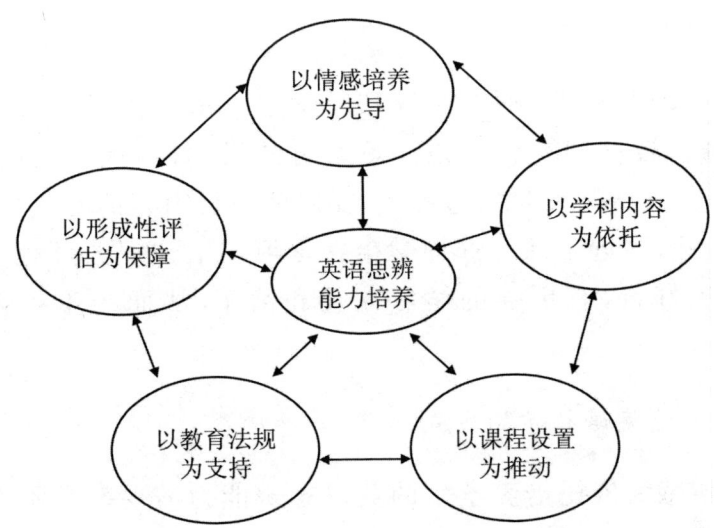

图 10-2　管理层面英语思辨能力培养模式

下面就其中几个层面展开分析。

(一)思辨能力的培养要以情感培养为先导

以情感培养为先导培养思辨能力可以从如下几个方面入手。

1. 转变教师的观念

要培养学生的思辨能力,教师可以从情感层面出发,应该先努力转变自己的观念。具体来说,教师可以做到如下几点。

(1)教师要多与学生进行沟通交流。

(2)教师要在平时的课堂或者课下认真观察学生的个性与需求。

(3)教师要在课堂上尽可能地吸引学生的注意力。

(4)教师必须了解学生的思维情况。

(5)教师要尽量表现出自己有亲和力的一面,与学生进行平等的交流。

(6)教师应鼓励学生就所学知识提出质疑,使学生勇于表达自己的观点,以便培养他们的批判性思维。

2. 优化英语教材

在英语课堂上,师生所教和所学基本都是依靠教材来完成的。因此,教材编写者应该注重教材的科学性,优化英语教材。也就是说,在编写教材的过程中,要保证教材内容的时代性、趣味性、体验性,贴近生活。这样学生在学习英语知识的过程中才更容易充满好奇,有更强的学习兴趣和欲望,从而产生再创造的灵感。

3. 改进英语教学的方式

以情感为依托培养学生的英语思辨能力需要教师不断改进英语教学的方式,可以采用启发式、研讨式、辩论式的授课方式。英语教师应该通过巧妙的构思、精彩的设疑,抓住学生心弦,让学生有更强的求知欲。

4. 改变评估的标准

对学生学习情况进行检验时,不应该一味地追求语言的准确和流畅,不应过分追究标准答案,而应该兼顾测试内容的丰富性与原创性,增加一定的开放度和包容度,接受学生合理的与标准答案不同的答案。

(二)思辨能力的培养要以教育法规为支持

英语思辨能力的培养还离不开教育法规的支持。教育相关部门在制定教育法规和政策时应该充分考虑当前的因缺乏批判

第十章　文化自信视域下学生思辨能力的培养

性思维而产生的教育问题,要针对性地加入培养学生批判性思维的要求。例如,各级教育主管部门可以利用学校假期举办一些批判性思维能力的提高班和研讨班;对英语教师的思辨能力进行有针对性的培养、提高和考核,并将这项能力的培养纳入英语教师的职业发展规划中。这些措施应该以政策法规的形式呈现出来,这样更有利于发展教师的思辨能力。

(三)思辨能力的培养要以形成性评估为保障

在传统单一的教学模式中,学生往往处于被动接受评价的地位,所以缺乏参与积极性,大大限制了他们的学习主动性、能动性以及高层次的思维活动。

形成性评估可以当作英语思辨能力培养的重要保障,其强调对教学过程的评价与及时反馈,经过实时跟踪,全面了解学生的思维状况,及时发现学生的困惑和薄弱环节,从而使学生在教师的引导下进行正确归因,适时地调整教学方法,进行合理假设、逻辑分析、公正评判,有效地促进英语思辨能力的发展。

二、从教师层面培养学生的英语思辨能力

(一)通过改革教学模式培养学生的英语思辨能力

对教师来说,改革教学模式是培养学生英语思辨能力的一种有效方法。具体来说,通过改革教学模式培养学生的思辨能力应该做到如下几点。

(1)将有意义的语言输入与创造性的语言输出有机地结合起来。有意义的语言输入主要有两个部分:一是教师可理解性的语言输入,二是符合学生的认知水平和语言水平的输入。在有意义的输入基础上,教师可以不断启发、引导学生对输入材料进行"批判性"分析、审视和评论,勇于表达自己的观点,进而创造性地进行语言输出。

(2)为学生构建知识框架,激活学生原有的知识储备。根据康明斯(Cummins)的语言内在相依模式,英语教师应该帮助学生将新内容与已有的经验、知识结合起来,通过提供与学科内容相关的背景知识帮助学生构建知识框架和网络。这样做有利于使学生形成连贯性的思维,在原有材料与现有材料的整合、分析中提升英语思辨能力。

(3)教师应努力指导并且提供给学生机会去使用认知、元认知、交际、情感等学习策略。在英语课堂上,教师可以通过支架式引导,提高学生的独立思考能力。

(4)教师应坚持课堂教学以学生为中心,提升学生的自主学习能力。

(二)通过更新教学方法培养学生的英语思辨能力

教师应该将训练学生的英语思辨能力作为教学的核心目标,根据英语课程的特点,设计合适的课堂活动和练习形式,更新教学方法,有针对性地培养学生的英语思辨能力。

(1)教师应经常使用苏格拉底式教学方法(Socratic Approach),即通过启发式的提问与相互辩驳的方式开展英语教学,改变传统单一的教学方式。在师生问答和简短讨论等活动中,教师应引导学生对一些有挑战性的问题进行思辨。

(2)经常采用圆桌讨论(seminar)的教学形式。教师交代学生在课前完成一定的阅读任务,课上要求学生就之前的任务轮流发表意见,同时接受学生的提问,然后分别将自己的发言整理成论文。

(3)教师应经常检验英语课程教学对于提高学生英语思辨能力的效果。

(三)教师应注重自身能力的发展

教师发展也是加强思辨能力培养的英语教学改革的关键环节。要培养学生的思辨能力,首先教师必须是一名合格的思辨者,必须能够回答什么是思辨能力;思辨能力的核心是什么;如何提高自身的思辨能力;如何在教学中有机融入思辨能力训练,有效提升学生的高级认知能力和相应的情感素质;如何创造一个有利于学生思辨能力发展的学习环境;如何评测学生的思辨能力等具体问题。

三、从学生层面培养学生的英语思辨能力

(一)主动参与探究式的英语学习活动

探究能力、创新能力、批判精神均与思辨能力有紧密的联系,所以学生在提升思辨能力的过程中也要注重对这些能力的增强。在英语学习过程中,单纯地学习语言知识是不利于学生思辨能力形成的,而探究式学习活动就可以帮助学生挣脱思想的束缚,完成自我能力的蜕变。学生在参与探索活动的过程中,也可以进一步增强探索精神与批判能力,从而激发自身的创新意识和批判精神,有利于对所学知识进行再创造。

(二)运用恰当的英语学习策略

学者文秋芳在《英语成功者与不成功者在学习方法上的差异》一文中明确指出,成功的语言学习者在使用语言学习策略的广度和频度上远远高于不成功的学习者。运用恰当的英语学习策略不仅可以提升学生的英语学习效率,而且可以训练学生的英语综合应用能力。学生英语学习策略的使用与学生自主学习能力的提升是紧密结合的,直接决定着自主学习的效果和成功,并且二者还是培养学生形成批判性思维能力的一个重要手段。

参考文献

[1]毕继万．跨文化交际与第二语言教学[M]．北京：北京语言大学出版社,2009.

[2]布尔迪厄著；褚思真,刘晖译．言语意味着什么[M]．北京：商务印书馆,2005.

[3]陈俊森,樊葳葳,钟华．跨文化交际与外语教育[M]．武汉：华中科技大学出版社,2006.

[4]陈坤林,何强．中西文化比较[M]．北京：国防工业出版社,2012.

[5]崔长青．英语写作技巧[M]．北京：中国书籍出版社,2010.

[6]单波,刘欣雅．国家形象与跨文化传播[M]．北京：社会科学文献出版社,2017.

[7]何广铿．英语教学法教程：理论与实践[M]．广州：暨南大学出版社,2011.

[8]何少庆．英语教学策略理论与实践应用[M]．杭州：浙江大学出版社,2010.

[9]胡春洞．英语教学法[M]．北京：高等教育出版社,1990.

[10]胡文仲．跨文化交际学概论[M]．北京：外语教学与研究出版,1999.

[11]黄荣怀．移动学习——理论·现状·趋势[M]．北京：科学出版社,2008.

[12]教育部高等教育司．大学英语课程教学要求[M]．北

京:外语教学与研究出版社,2007.

[13]康莉. 跨文化视角下的大学英语教学:困境与突破[M]. 北京:中国社会科学出版社,2014.

[14]李成学,罗茂全. 教师的素质与形象[M]. 成都:四川教育出版社,2001.

[15]李正栓,郝惠珍. 中国语境下英语教师教育与发展研究[M]. 保定:河北大学出版社,2009.

[16]林新事. 英语课程与教学研究[M]. 杭州:浙江大学出版社,2008.

[17]卢红梅. 华夏文化与汉英翻译(第二部)[M]. 武汉:武汉大学出版社,2008.

[18]鲁子问,康淑敏. 英语教学方法与策略[M]. 上海:华东师范大学出版社,2008.

[19]鲁子问. 英语教学论(第2版)[M]. 上海:华东师范大学出版社,2009.

[20]罗毅,蔡慧萍. 英语课堂教学方法与研究方法[M]. 武汉:华中科技大学出版社,2011.

[21]孟丽华,武书敬. 网络环境下大学英语教师专业素质发展研究[M]. 北京:外语教学与研究出版社,2015.

[22]钱穆. 文化学大义[M]. 台北:正中书局,1952.

[23]任庆梅. 英语听力教学[M]. 北京:外语教学与研究出版社,2011.

[24]束定芳,庄智象. 现代外语教学:理论、实践与方法(修订本)[M]. 上海:上海外语教育出版社,2008.

[25]孙英春. 跨文化传播学导论[M]. 北京:北京大学出版社,2008.

[26]王笃勤. 英语教学策略论[M]. 北京:外语教学与研究出版社,2002.

[27]王芬. 高职高专英语词汇教学研究[M]. 上海:上海交通大学出版社,2012.

[28]魏朝夕．大学英语文化主题教学探索与实践[M]．北京：中国农业科学技术出版社，2010．

[29]魏会延．教师学习共同体：促进教师专业发展的新途径[M]．武汉：武汉大学出版社，2014．

[30]谢职安．高校英语教师专业发展研究[M]．北京：知识产权出版社，2014．

[31]徐文峰．教师专业发展实践导论[M]．北京：人民日报出版社，2014．

[32]杨勇萍．跨文化交际与英语文化教学[M]．太原：山西人民出版社，2012．

[33]张红玲等．跨文化外语教学[M]．上海：上海外语教育出版社，2007．

[34]张鑫．英语教学的理论与实践[M]．北京：知识产权出版社，2012．

[35]朱旭东．教师专业发展理论研究[M]．北京：北京师范大学出版社，2011．

[36]鲍玉杰．大学英语教学中的文化性问题研究[D]．长春：东北师范大学，2011．

[37]陈鑫．文化自信视野下高中英语教学中文化意识培养现状与对策[D]．汉中：陕西理工大学，2018．

[38]龚迪颖．高中英语教学中的中国文化导入研究[D]．宁波：宁波大学，2017．

[39]苟巧丽．多媒体教学环境下大学英语教师角色的研究[D]．重庆：四川外语学院，2012．

[40]郭丹．文化因素对对外汉语语法教学的影响[D]．哈尔滨：黑龙江大学，2011．

[41]何薇．大学英语词汇教学研究——以贵阳学院为例[D]．重庆：西南大学，2009．

[42]黄慧．建构主义视角下的大学英语语法教学研究[D]．上海：上海外国语大学，2007．

[43]刘三灵．网络时代高校英语教师素质研究[D]．长沙：湖南农业大学,2008.

[44]卢风龙．语境理论在高中英语词汇教学中的应用研究[D]．济南：山东师范大学,2013.

[45]毛婷婷．基于网络资源平台的翻转课堂在初中英语语法教学中的应用研究[D]．江苏：苏州大学,2017.

[46]牟必聪．翻转课堂理念下高中英语词汇教学的设计与实践[D]．上海：华东师范大学,2018.

[47]商利民．教师专业学习共同体研究[D]．广州：华南师范大学,2005.

[48]武雷雷．文化因素互动教学模式探析[D]．兰州：兰州大学,2014.

[49]张海倩．基于语境理论的高中英语词汇教学研究[D]．重庆：重庆师范大学,2012.

[50]郑小龙．多元文化视角下大学英语文化教学研究[D]．长沙：中南大学,2013.

[51]周方源．语境理论在大学英语词汇教学中的应用研究[D]．呼和浩特：内蒙古师范大学,2013.

[52]秦盼泓．基于建构主义教学观的英语听力教学研究[D]．贵州：贵州师范大学,2015.

[53]陈诚．英汉文化差异对翻译的影响[J]．湖北开放职业学院学报,2018(24).

[54]陈聪,王玫．英语课堂"中国文化失语"现象及对策研究[J]．教育教学论坛,2018(25).

[55]陈志新．浅谈英语写作教学的重要性及操作手段[J]．佳木斯师专学报,1997(2).

[56]单中惠．杜威的反思性思维与教学理论探析[J]．清华大学教育研究,2002(1).

[57]丁朝霞．大学英语文化教学与学生核心价值观教育[J]．高等教育研究,2018(23).

[58]丁朝霞．文化自信视域下的大学英语文化教学探索与实践[J]．海外英语,2018(21)．

[59]高凤江．汉译英中的中华文化失损问题[J]．北京第二外国语学院学报,2007(6)．

[60]高琰,杜雪梅．高职英语教学中学生非语言交际能力培养策略研究[J]．长春教育学院学报,2015(6)．

[61]高一虹．生产性双语现象考察[J]．外语与外语教学,1994(1)．

[62]葛传椝．漫谈由汉译英问题[J]．翻译通讯,1980(2)．

[63]桂花,杨征权．微课程教学法在高职英语语法教学中的运用[J]．高教学刊,2016(7)．

[64]何乃平．大学英语阅读中的文化差异[J]．牡丹江师范学院学报,2008(3)．

[65]胡大芳．大学英语翻译教学中文化的导入[J]．牡丹江大学学报,2009(1)．

[66]黄音频．文化差异与英语写作[J]．成功(教育),2010(1)．

[67]黄元龙．浅议高职英语写作教学的循序渐进原则[J]．开封教育学院学报,2017(2)．

[68]蒋苗,彭雨晴,习睿玉,袁艳玲．大学英语教学中的文化失语现象及应对策略[J]．英语广场,2019(11)．

[69]李冠杰．大学英语教学中母语文化失语问题与对策[J]．文教资料,2019(29)．

[70]李志娇．跨文化视角下大学英语教学中"中国文化失语"现象及对策研究[J]．智库时代,2019(46)．

[71]梁华．文化差异因素与英语写作[J]．大连大学学报,2007(1)．

[72]梁惠梅．英语写作教学中"母语文化"的地位与作用——2012年TEM4作文的教学启示[J]．黑龙江教育学院学报,2013(8)．

[73]林崇德,申继亮,辛涛．教师素质的构成及其培养途径[J]．中国教育学刊,1996(6)．

[74]刘卉.大学英语文化教学中阅读圈教学模式的构建与探索[J].教育现代化,2018(45).

[75]楼荷英,寮菲.大学英语教师的教学信念与教学行为的关系——定性与定量分析研究[J].外语教学与研究,2005(4).

[76]马雷.英语新闻听力教学中批判性思维和文化自信的培养[J].国际公关,2019(11).

[77]牛宝艳.英语口语教学中折射出的中西文化差异及启示[J].中国教育技术装备,2009(8).

[78]齐春燕.诚信及诚信教育的概念初探[J].内蒙古农业大学学报(社会科学版),2008(1).

[79]钱旭升,靳玉乐.教师个体专业发展与教师群体专业发展[J].教育科学,2007(8).

[80]曲爽,马永辉.多元文化语境下的外语教师自身素质发展[J].教书育人,2010(36).

[81]冉永平,杨青.英语国际通用语背景下的语用能力及其重构[J].外语教学与研究,2016(2).

[82]任冰,朱秀芝.试析多元文化视域下大学英语教师的角色定位[J].黑龙江高教研究,2013(3).

[83]沈杰玉.英语教学中的本土文化失语及其对策——兼及《中国文化》课程教学改革[J].合肥师范学院学报,2018(5).

[84]石喜春.中国文化视角下大学英语翻译教学模式研究[J].英语广场,2017(12).

[85]宋惠兰.论教育信息化与高校教师的信息素质培养[J].图书馆论坛,2003(1).

[86]佟晓辉,高健,傅克玲.论英汉语言文化差异对大学英语写作教学的影响[J].西南农业大学学报,2011(4).

[87]王晨.文化自信视角下中国文化与英语听说教学的融合[J].北京城市学院学报,2018(6).

[88]王丹云.在基础英语词汇教学中培养学生本土文化意识[J].宁德师范学院学报,2013(2).

[89]王露华.用"体裁教学法"改进大学英语写作教学[J].苏州大学学报,2005(3).

[90]王露璐.高校教师师德问题研究综述[J].道德与文明,2006(1).

[91]王云华.英语学习中的文化学习与学习文化[J].山东师范大学外国语学院学报,2011(2).

[92]韦孟芬.大学英语翻译教学中文化导入探讨[J].淮海工学院学报,2010(6).

[93]沃建中.教师素质对学生心理的影响[J].广西右江民族师专学报,2001(9).

[94]夏纪梅.大学英语教师的外语教育观念、知识、能力、科研现状与进修情况调查结果报告[J].外语界,2002(5).

[95]肖君.英语词汇教学中文化差异现象浅析[J].四川教育学院学报,2007(5).

[96]熊沐清,邓达.叙事教学法论纲[J].外国语文,2010(6).

[97]杨忠,张绍杰,谢江巍.大学英语教师的科研现状与问题分析[J].外语教学,2001(6).

[98]易雅琴.英语口语教学"文化植入"的初探与应用[J].海外英语,2014(2).

[99]岳莉莉,冷帆.英汉文化差异对翻译的影响[J].天中学刊,2002(6).

[100]翟莉娟,王翠梅.从认知策略看英语词汇学习[J].科学文汇,2008(11).

[101]张科平,陈桂斌.英语语法教学方法新思维[J].广东医学院学报,2008(3).

[102]张严.文化差异与英语阅读[J].华北电力大学学报,2008(8).

[103]张雁.文化自信视域下大学英语课程反思与实践[J].宁波工程学院学报,2017(2).

[104]赵朋亮.大学英语听力教学中跨文化交际能力培养模

式的构建[J].渤海大学学报,2011(3).

[105]周燕.高校英语教师发展需求调查与研究[J].外语教学与研究,2005(3).

[106]秦盼泓.基于语法隐喻认知的高职院校英语阅读教学研究[J].长治学院学报,2019(191).

[107]秦盼泓.语义波理论对外语教师话语的解释力研究[J].开封教育学院学报,2018(9).

[108]秦盼泓.基于英语视角下认知语言学理论的局限性分析[J].文化学刊,2017(75).

[109]秦盼泓.融媒体环境下英语混合式教学模式研究[J].新闻研究导刊,2020(5).

[110]Dale Leathers. *Successful Nonverbal Communication*[M]. New York, NY：Macmillan,1986.

[111]Harmer,J.. *The Practice of English Language Teaching*[M]. London：Longman,1990.

[112]Tyler R. W.. *Basic Principles of Curriculum and Introduction*[M]. Chicago：University of Chicago Press,1949.